# 简化字溯源

张书岩　王铁昆　李青梅　安　宁　编著

JIANHUAZI SUYUAN

语文出版社·北京·

**图书在版编目（CIP）数据**

简化字溯源 / 张书岩等编著. — 北京：语文出版社，1997. 11（2014. 3重印）
ISBN 978-7-80126-303-2

I. 简… Ⅱ. 张… Ⅲ. 简化汉字-历史-研究
Ⅳ. H124. 2

---

**责任编辑** 黄 娜
**装帧设计** 刘姗姗
**出　　版** 语文出版社
**地　　址** 北京市东城区朝阳门内南小街51号 100010
**电子信箱** ywcbsywp@163.com
**排　　版** 语文出版社照排室
**印刷装订** 北京市联华印刷厂
**发　　行** 语文出版社 新华书店经销
**规　　格** 890mm×1240mm
**开　　本** A5
**印　　张** 8. 375
**字　　数** 218千字
**版　　次** 1997年11月第1版
**印　　次** 2014年3月第3次印刷
**印　　数** 5, 001- 8, 000
**定　　价** 30. 00元

---

010-65253954（咨询） 010-65251033（购书） 010-65250075（印装质量）

# 目　录



## 上编　汉字简化运动史略

## 下编　简化字溯源



**附录**

# 序

许嘉璐

汉字自它出现之日起，就一直没有停止过发展演变，包括字的新生和死亡、使用范围的调整、字形及其结构的变化、笔画的简省和增繁，等等。字的使用情况的变化和吐故纳新运动，是为了适应不同时期的社会生活；字形演变和笔画的简省与书写条件有着极为密切的关系，是人类在使用语言与文字过程中力求经济省力的原则的体现。

汉字既然是汉民族通用的记录语言的工具，其社会性就决定了要不断地进行规范和统一。自有了国家机器以后，规范和统一的工作就要由国家有组织地进行。从秦代的"书同文"，到几次石经的刊布，最后到中华人民共和国推行简化字，无不是政府行为。历代的规范工作所取得的不同程度的效果，靠的都是政府的权威，而政府的权威离不开其所制订的规范符合语言文字自身的规律和社会的使用习惯。

我国政府从50年代起对汉字进行改革，改革的一项重要内容就是对汉字的笔画进行简化。这一简化工作既是我国即将开始的大规模工业建设和普及文化教育的需要，又是历代汉字规范工作的继承和发展，是汉字发展到现代社会的必然。40年来，汉字简化和规范对我国大陆的经济和社会发展，对教育的普及，对汉字汉语走出国门，起到了极其巨大的作用，因而受到广大人民群众和国际上的欢迎，这是海内外有目共睹的事实。

我们所进行的汉字规范工作虽然是在社会广泛使用的基础上

进行的，并且曾经吸收广大群众参加讨论，但是，社会上的大多数人对汉字简化工作的学术问题，诸如历史源流、学术依据等等，还是陌生的。张书岩、王铁昆等几位先生的这本《简化字溯源》就是为此而发的。在这本书里，他们把已经简化的字，一个一个地讲清楚来龙去脉；同时，简述了我国清末以来汉字简化和规范工作的历史。全书要言不烦，既有较充分的学术依据，又有较好的可读性。我相信，关心汉字规范工作的读者一定能够从中获得许多有益的知识。

汉字的规范工作，在语言学里属于“语言规划”这一分支，其中涉及不少理论问题，需要专家们不断进行研究。在这里我只想就着汉字的规范（包括简化）与汉字的发展演变的关系问题谈一点看法。

汉字自身的发展演变和社会对它的规范行为，是辩证的统一。从总体看，规范是在汉字发展演变的基础上进行的；具体地说，一般是先有汉字使用者对原有习惯或规范的突破，使用者所创造的新字或新字形，又按照约定俗成的规律被社会上大多数人遴选、接受，然后由政府搜集、归纳、选择，把这些新字或新字形及其用法上升到规范标准，加以推行。因此一般地说，规范要滞后于发展演变，是对此前社会创造的肯定，是对社会此后使用文字的引导，是“从群众中来，到群众中去”的中转枢纽。但是，既不能认为一经规范，在任何情况下文字使用的所有场合都不能越雷池一步，也不能把规范视为完全是消极被动的“事后”事。不错，政府的规范行为实际上是对社会使用文字的有力约束，有了规范之后全社会就应该遵守。但是，规范适用的范围从来是有限制的，例如秦代的“书同文”一般只限于官府，后代皇朝基本限于官场和教育（那时能受到教育的只是社会中的极少数人）；即使在现代社会，随着信息传递、处理手段的发展，规范的适用范围要比以往大得多，也严格得多。但在个人书写、书法艺术等领域也还存在着“规范外”空间，因而在某种程度上，汉字依然有着按其自身规律发生演变的土壤。汉字的发展演变，既有可能超出个人行为的范围，形成对规范的冲击，同时又是对新的规范提出了问题和工作的基础。因此，汉字的规范工作，不能只“向后看”，也应该考虑到对未来汉字发展演变的预测和引导。而对这一点，至今我们研究得还很不够，希望学术界给以更多的关注。

语言规划是一门既专门又与社会生活关系极为密切的学科。在加强其基础理论研究的同时，我希望专家们也能多做些普及的工作，让更多的人知道每一项规范工作的原因和根据，从规范的被动遵守者变成主动的理解者、支持者。我想，这本《简化字溯源》就是这种普及工作的一种尝试，因而是值得称赞的。

1996-12-13

# 上　编

## 汉字简化运动史略

### 绪　　论

自从1956年《汉字简化方案》公布推行以来，我国已有8亿多人学习和掌握了简化汉字；作为中国的官方文字，简化字得到国际社会的承认，它的使用范围逐步扩大到了东南亚国家和华人社区，联合国文件中文文本用的就是规范的简化字；简化字还越来越多地用于中文信息处理，为信息高科技的发展作出贡献。总之，本世纪50年代由政府积极推动的汉字简化工作的出发点首先是为了广大人民群众，由于顺应了汉字形体由繁趋简的发展演变趋势，自然深受全国人民的欢迎；汉字简化作为汉字发展史上的一项伟大的变革，在普及教育、扫除文盲、发展文化科技事业和增进国际交流等方面都发挥了世人瞩目的积极作用，功不可没！但是，多年以来，围绕汉字简化却一直存在一些似是而非的议论，有些人甚至把简化字看作是中国内地50年代少数激进的文改活动家们闭门造车杜撰出来的产物，是共产党的发明。这是一种误解，是不符合历史事实和客观实际的。本编拟通过汉字发展演变的史料的介绍，特别是清末以来逐渐兴起的汉字简化运动的简要回顾来对上述议论给予回答，目的是使广大读者了解汉字简化运动所走过的曲曲折折的过程，对现行简化字及其发展脉络有一个较为全面的认识。

## 一、汉字形体发展演变的总趋势

汉字的历史，如果从殷商时代的甲骨文、金文算起，距今已有三四千年了。在这个漫长的时期里，汉字总的讲是处于变动与相对稳定之中。汉字的发展演变，就其形体来说，有简化也有繁化，但主导趋势还是简化。

汉字由繁趋简的发展趋势，是由文字的工具性特点决定的。文字是书写语言的工具，汉字是汉族祖先在生产劳动和生活实践中创造的用以记录汉语、交流思想的工具。作为工具，就要求它便于使用。为了使用的方便便产生了两个方面的要求：一是要求形体便于书写，这就导致了一种求简的趋势；二是要求加强汉字的表音表义功能。这两方面的要求有时会发生矛盾。当矛盾产生的时候，汉字总是通过其自身的调节，或是牺牲一些表音表义功能以实现简化，或是为维护表音表义功能而允许在字形上有所繁化，最终达到便于使用的目的。

纵观汉字史，古文字中的甲骨文、金文和大篆时期，虽然也有简化现象存在，但是繁化的现象也不少。当时的汉字，图形性强，异体众多，写法不固定，构件的位置也比较自由。例如“车”字在甲骨文、金文中就有“[illegible]、[illegible]、[illegible]、[illegible]、[illegible]、[illegible]、[illegible]、[illegible]”等不同的写法。春秋战国时代，诸侯割据，各据一方，因而造成“言语异声”“文字异形”的局面。当时各国的文字除秦国的大篆规范性较强外，其余六国的文字彼此间都存在一定的分歧现象，俗体广为流行，而俗体中最常见的是简体，形成了战国古文字形体上的显著特点。

小篆到隶书，汉字由古文字过渡到今文字。这一阶段也是汉字开始进入简化占主导地位的过渡时期，形体简化的趋势非常明显。虽然在这一阶段，汉字完成了它形声化的过程，许多字增加了表音或表义符号（局部繁化），但由于古文字形体的过分繁难，所以汉字形体的简化是大幅度的，简化程度逐渐超过了繁化。小篆是在大篆的基础上发展起来的，从甲骨文、金文、大篆到小篆，汉字的字体逐渐由以图形为主转变为以线条、符号为主，字形逐渐由方向、结构不定转变为固定，重复、多余的部分被删去，而表音成分逐渐增加。这些显著变化，使小篆体系汉字的简便程度超过了它以前的文字。如“中”在甲骨文，金文中有“[illegible]、[illegible]、[illegible]、中”等不同写法，到了小篆里就只剩下“中”一种简便写法。隶书产生于战国晚期，是与小篆同时代的一种字体。当时的秦国人在日常使用文字时，为了书写的方便，不断地破坏和改造正体的字形，由此而产生的俗体就是隶书形成的基础。隶书的字形，大都是按由繁到简的方向演变的，它是书写起来比小篆方便得多的一种应急字体，所以到了汉代，隶书终于发展成为一种成熟的字体，也称“佐书”。隶变是汉字发展史上最重大的一次变革，在字体方面，它彻底破坏了汉字的象形特征，解散篆体，改曲为直，把无规则的线条变成了有规则的笔画，从而奠定了方块汉字的基础；在字形方面，隶变通过合并、省略、省并等各种方式，简化了汉字的结构，减少了汉字的笔画。隶变过程中，虽然由于象形特征的失去而削弱了汉字的表义功能，又由于一部分汉字结构的破坏使这些字的表音表义功能进一步失去，但和隶变所带来的形体简单化相比，这些牺牲是必要的。

隶书以后，汉字又产生了楷书（又叫真书或正书）、草书、行书等各种字体。这一阶段，汉字已经进入以简化为主的时期。自此以后，对汉字进行规范和省易，以适应社会及文化发展的需要，成了汉字发展的动力。隶书以后汉字的演变，主要表现为字形的变化，简化的趋势更加明显。因为汉字经过隶变以后，仍有不少字结构复杂，笔画繁多。如“糴、轟、讓、聽、籲、籠、躊”等字，笔画都在20画以上，结构也非常复杂，无论认读还是书写都非常困难，所以南北朝以来，在常用的楷体汉字中不断有群众创造的形体简便、笔画较少的俗字产生。俗字的笔画不一定都比原字少，但大多数比较简单易写，这部分比规定的正字形体简单，笔画少的俗字就叫简体字。例如“乱”是“亂”的俗字，“乱”比“亂”形体简单，所以“乱”是“亂”的简体字。

隶变以后的汉字虽然进入了以简化为主的时期，但是繁化现象还是存在的。有一部分汉字，在简化的同时，还存在着目的在于增进汉字的表音表义功能的繁化现象。比如狮子的“狮”，原来假借同音的“师”，为了使它表示的“动物”的意义更加明确，于是在“师”字的左边加了形旁“犭”。又如“裤”原作“袴”，因其声旁不能确切表示后代的字音，而产生了“褲”字。“狮”比“师”，“褲”比“袴”，笔画都要多，但是前者取代了后者，因为前者的表音表义功能比后者强；同时，一个字分化为两个字，各自所代表的意义更加明确。为繁化而繁化的例子也可以找到，例如大写的数目字（壹、貮、叁、肆……），但这种繁化是为了表义的准确无误或特定场合的需要，因此也有一定的价值。纯粹的无意义的繁化虽然也有，但这种情况极为少见，在汉字演变中不占主导地位。

综上所述，汉字形体的演变是一个简化与繁化同时存在的过程，隶变以后，简化趋势日益明显，这是出于“实用”的需要，是文字的工具性特点使然。在常用字的范围内，简化的趋势更为明显，形成了“常用趋简”的规律。所以，在隶变以后的汉字形体演变过程中，虽然也有因增加声旁、形旁而使汉字笔画增多的现象，也时而有人想使汉字“复古”，但都改变不了汉字由繁趋简的发展总趋势。正如钱玄同所说：“从龟甲、钟鼎、《说文》以来，时时发见笔画多的字，时时有人将它的笔画减省。殷周之古篆减为秦篆，秦篆减为汉隶，汉隶减为汉草，汉草减为晋唐之草；汉隶的体势变为楷书，楷书减为行书；宋元以来，又减省楷书，参取行草，变成一种简体（即所谓“破体”“俗体”“小写”）：“这都是最显著的减省笔画。而篆与篆、隶与隶、草与草、简体与简体，其中尚有繁简之不同。总而言之，数千年来，汉字的字体是时时刻刻在那儿被减省的。从殷周之古篆变到宋元之简体，时时刻刻向着简易的方面进行，可说是没有间断。”（《减省现行汉字笔画案》，前国语研究会编《国语月刊·汉字改革号》第 161 页，文字改革出版社，1957 年版）

**二、简体字古已有之**

上文我们从汉字形体发展演变的历史得出汉字简化一直没有停止过的结论。其实，从一个个具体的汉字来考察，简体字也是伴随着汉字的产生而产生、自古就有的。

简体字与繁体字是相对而言的。一个字如果有两个或两个以上的形体，而这几个形体的笔画数有多有少，那么笔画多的叫繁体字，笔画少的就叫简体字。早期的汉字是由图画发展来的，它描绘事物的形象，可以精细些，也可以粗略些，于是就产生了简体与繁体的区别。比如“羊”字，在甲骨文中就有简体的“[illegible]”和繁体的“[illegible]”字。再如“文”字，甲骨文中繁体写作“[illegible]”，简体写作“[illegible]”。这种线条上的变化或减省，从汉字产生的那一天起就存在，以后各个时代又都有所发展。例如“灯”与“燈”字。始见在古代字书和韵书中，“灯”本来是与“燈”字不同的另一个字，义为“火”或者“火烈”。到了元代，通俗文学抄本和刻本《京本通俗小说》《古今杂剧三十种》《全相三国志平话》和《朝野新声太平乐府》等都不约而同地以“灯”代“燈”。“灯”形体简单，是“燈”的简体字；“燈”形体较繁，是“灯”的繁体字。历朝历代都有简体字在民间大量流行。正如周恩来同志在《当前文字改革的任务》一文中所说：“我们从汉字的历史上来看，一字多体是从甲骨文起就一直存在的。要说是混乱，那么这种混乱是‘古已有之’，顶多不过‘于今为烈’罢了。”

简体字和简体字是两个不同的概念，两者的区别在于：简体字是指流行于群众之中、未经整理和改进的形体较简易的俗字，它不具有法定性，其写法可以是一种，也可以有多种。而简化字则是指在简体字的基础上，经过专家的整理和改进，并由政府主管部门公布的法定简体字，其写法只能有一种。收入《汉字简化方案》（后发展成为《简化字总表》）中的简体字即为现行简化字。

为了探究现行简化字的来龙去脉，我们以1986年新版《简化字总表》为准，从《总表》的第一表、第二表中选取388个字头（含简化偏旁）进行了现行简化字的溯源研究。这项研究所得出的数据如下：

现行简化字始见于先秦的共49字，占所选388个字头的12.63%；

始见于秦汉的共62字，占15.98%；

始见于魏晋南北朝的共24字，占6.18%；

始见于隋唐的共31字，占7.99%；

始见于宋（金）的共29字，占7.47%；

始见于元朝的共72字，占18.56%；

始见于明清的共74字，占19.07%；

始见于民国的共46字，占11.86%；

始见于中华人民共和国成立后（截至1956年《汉字简化方案》公布）的1个字，占0.26%。

研究结果令人信服地证实：现行简化字绝大多数来源于历代的“俗字”和“手头字”，即历代简体字；有一些来自草书和行书；还有一些竟还是“古本字”，比它们的繁体的历史或“资格”还要老得多呢！（详见本书下编“简化字溯源”及《简化字始见时代一览表》）

我们的这项研究还有一个比较重要的发现，那就是有28.61%的现行简化字（不包括类推简化字）始见于先秦两汉时代，这比人们（特别是汉字学界）过去通常认为简化字来源于宋元以来的旧说一下子提前了一千多年（这一数据恰好与李乐毅的统计结果差不多，参见李乐毅《30%的简化字源自先秦两汉》，载香港《普通话》1994年第2期）。而真正属于新中国成立后吸收当代（《汉字简化方案》公布前）群众创造的简体字则只有一个“帘”

字，仅占所选388个字头的0.26%。事实雄辩地说明：简体字古已有之。那种认为简化字是共产党的“发明”，简化字是中国内地50年代由少数激进的文改活动家们闭门杜撰出来的产物的议论，是没有任何历史和事实的根据的。

## 三、近百年来汉字简化运动的历史分期

虽然历朝历代都有简体字在民间流行，但是它却长期没有取得合法地位。由于封建统治阶级的反对，长期以来，简体字被朝廷看作“俗体”“破体”，是不能登大雅之堂的。历史上曾经给过简体字以合法地位的，要算是1851至1864年的太平天国革命。当时太平天国政府的印玺和所印发的文告、书籍等，大量采用了先秦以来民间流行的简体字，同时也创造了不少新的简体字，这些简体字绝大多数已被中华人民共和国成立后发布的《汉字简化方案》采用。

简体字不仅深受广大群众欢迎，而且也在一部分知识分子中流行，历代碑刻拓本或古代典籍（包括字书、韵书）中就有大量的简体字。即使在正字法趋向复古的明清时代，有些学者也在有意识地积极使用简体字。例如明末清初的著名学者黄宗羲在给人家写信时，议论的“議”是言字旁加个“义”，难易的“難”的左边写作“又”，应当的“當”则干脆简作“当”（引例见《昭代名人尺牍·黄氏手札》）。其友吕留良说他“喜用俗字抄书，云可省功夫一半”。清代学者江永、孔广森等也都喜欢书写简体字，他们的著作手稿中“简笔字均极多”。当然，这只是一些学者在实际使用简体字，还说不上是什么运动。简体字运动的酝酿和提倡，始于本世纪初叶，距今已有近百年的历史。

为了叙述的方便，我们把近百年来的汉字简化运动史划分为以下四个阶段：

（一）酝酿（清末——1934）

（二）初步实践（1935—1949）

（三）振兴和发展（1949—1955）

（四）高潮及其成果（1956—1986）

# 第一节 汉字简化运动的酝酿
（清末—1934）

## 一、清末陆费逵揭开简体字运动的序幕

把简体字当作正统文字（正体字）来用的主张，到了清朝末年始有人提出来。在此之前，尽管简体字已在民间流行，一部分知识分子也在有意识地使用简体字，但他们只是“喜欢”而已，并无意要把简体字当作改革教育和普及教育的工具。而到了清末，随着中西文化交流的日益频繁和观念的更新，人们对俗字的看法已有所改变，例如范寅在《论雅俗字》一文中曾说：“今之雅，古之俗也；今之俗，后之雅也。与其雅而不达事情，孰若俗而词中肯綮乎？”（《越谚》，清光绪八年谷应山房刻本）像这样通达的议论，在正字法复古的沉闷的封建社会里，确实给人以耳目一新之感。稍后沈学认为：“夫字，士人之利器，以愈利为愈妙”（《盛世元音》第四篇）；林辂存说：“盖字者，要重之器也，器惟求于适用”（《上都察院书》）。他们都提出了改革汉字的要求。但是真正揭开简体字运动的序幕的，还是要首推教育家陆费逵。

1909年（清宣统元年），以鼓吹俗体字为主要宗旨的《教育杂志》创刊，陆费逵在创刊号上发表了《普通教育应当采用俗体字》的著名论文。他认为在普通教育阶段采用简体字的好处有三：

（一）最便而最易行者，莫如采用俗体字。此种字笔画简单，易习易记，其便利一也。

（二）此种字除公牍考试外，无不用之。若采用于普通教育，事顺而易行，其便利二也。

（三）余熹主张此议，以为有利无害，不惟省学者脑力，添识字之人数，即写字刻字，亦较便也。

为了表示推行简体字的决心，陆费逵曾把自己的姓名简化为“六弗辻”。他的这一主张发表后，读者沈友卿著文反对，陆氏遂又在《教育杂志》第三期发表《答沈君友卿论采用俗字》的公开信，他说：

> 夫文字本言语之记号，自仓颉造字至今，由蝌蚪而籀文，而篆隶，而行楷，变迁亦不一矣。率皆由繁而简，由难而易，盖吾人之心理然也。即以楷书论之，其改变亦不鲜，而因历代庙讳而变者，尤更仆难数，不闻其有不便也。且正体亦何常之有？特视功令为转移耳。功令可以今之正体为正体，又何不可以今之伪体为正体哉。俗体字之由来，虽不可考，然必习用之字乃有之。盖因其用处极多，而苦笔画之繁重，其始偶有人作省笔字，不知不觉，转相仿效，遂成今日之俗体。以其易写易记，合乎人之心理也。

这段话把采用俗体字的主张阐述得更加透彻。

陆费逵不仅明确主张普通教育应当采用俗体字，还进一步提出了简化汉字的两种具体方法：①限定通俗字的范围，大致在两千个汉字左右；②减少笔画，第一步采用已有社会基础的减笔字，第二步把其他笔画多的字也改变字形，减少笔画（见《整理汉字的意见》《国语月刊》第1卷第1期）。陆氏提出的整理汉字的具体方法，从时间上看虽然比其“主张”的提出晚了10多年，但两个重要文献的精神实质是完全一致的，所以我们把后者也放在这一节里叙述。

陆费逵的主张，在当时虽然反响不是很大，但其倡导简体字运动的宣传酝酿作用不应该抹煞。他在正字法复古的清代明确提出简化汉字的主张并进而提出切实可行的办法，是难能可贵和有远见的。他提倡俗体字的思想，也是清末维新运动中改思主义思潮的产物。这些主张，对后来简体字运动的发展产生了巨大的影响。新中国成立后的汉字整理和简化工作，借鉴了陆氏所提出的方法。所以，即使在90年后的今天看来，陆氏的主张和所提出的简化方法仍然具有一定的参考价值。

**二、“五四”以后简体字运动的逐渐兴起**

1919年的“五四”运动，揭开了新民主主义革命的序幕。毛泽东同志在《新民主主义论》中对“五四”以来的文化战线作了如下的概括：

> 二十年来，这个文化新军的锋芒所向，从思想到形式（文字等），无不起了极大的革命。其声势之浩大，威力之猛烈，简直是所向无敌的。其动员之广大，超过中国任何历史时代。（《毛泽东选集》第二卷第658页，人民出版社，1966年版）

在“五四”运动的推动下，改革汉字的呼声逐渐高涨。有些激进的民主主义者在“提倡洋字”，高喊“汉字革命”的同时，也提出了汉字简化问题，并逐渐形成了有意识的汉字简化运动。最早提出这个问题的是国学大师钱玄同。1920年，他在《新青年》第7卷第3号上发表了《减省汉字笔画的提议》一文；1922年在国语统一筹备委员会第四次大会上又提出了《减少现行汉字的笔画案》（连署人有陆基、黎锦熙和杨树达三位），并得到会议的一致通过。这可以说是汉字简化运动的真正开始。

钱玄同等人的《减省现行汉字的笔画案》把简体字提到了前所未有的高度。提案指出：

> 这种通行于平民社会的简体字，在明清以降，今日以前，都是用在账簿、当票、药方、小说、唱本……上面，所谓“不登大雅之堂”者。我们现在应该将它竭力推行，正式应用于教育上，文艺上，以及一切学术上、政治上。我们不认它是现行汉字的破体，认它为现行汉字的改良之体：正如我们对于白话文学一样，不认它是比古文浅薄的通俗文学，认它是比古文进化的优美文学。

钱玄同为什么提出减省现行汉字笔画的主张呢？1920年，他在《新青年》上发表的那篇论文中作了回答。他说，他对改用拼音文字“是极端赞成的”，“但是我以为拼音文字，不是旦暮之间就能够制造成功的”，“拼音新文字底施行，总还在十年之后。如此，则最近十年之内，还是用汉字底时代”，并由此得出结论：“既然暂时还不得不沿用汉字，则对于汉字难识难写的补救，是刻不容缓了。”1922 年的提案则再一次强调了这个见解，他说：“改用拼音是治本的办法，减省现行汉字的笔画是治标的办法。那治本的事业，我们当然应该竭力去进行。但这种根本改革，关系甚大，不是一朝一夕就能达到目的的……但现行汉字在学术上、教育上的作梗，已经到了火烧眉毛的地步，不可不亟图补救的方法！我们决不能等拼音的新汉字成功了才来改革！所以治标的办法，实是目前最切要的办法。”钱玄同把汉字简化看作“刻不容缓”的工作，是“目前最切要的办法”，这一看法是比较切合实际的，反映了他对客观现实的尊重和对汉字的社会需求的承认，这种科学求实的精神十分可贵。

钱玄同还从汉字形体演变的轨迹说明汉字发展的主要趋势是简化，他总括说：“总而言之，数千年来，汉字的字体是时时刻刻在那儿被减省的。”他义正词严地批判明、清两代“倒行逆施”，大唱文字复古的论调，把复古者排斥宋元以来的简体字、非议汉魏碑碣上面的字体的行为斥为“毒焰”，并深刻地揭露了其严重的危害。

钱玄同是系统提出汉字简化方法的第一人，他在分析宋元时代流传下来的简体字的基础上，归纳出简体字的八种构成方法：①将多笔画的字就它的全体删减，粗具匡廓，略得形似者，如“壽”作“寿”。②采用固有的草书者，如“爲”作“为”。③将多笔画的字仅写它的一部分者，如“聲”作“声”。④将全字中多笔画的一部分用很简单的几笔替代者，如“劉”作“刘。。⑤采用古体者，如“從”作“从”。⑥将音符改用少笔画的字者，如“燈”作“灯”。⑦别造一个简体者，如“響”作“响”。⑧假借他字者，如“義”作“义”。

钱玄同关于“减省现行汉字的笔画”的论文和提案，在当时“很惹人注意”(据杜子劲《简体字》)，影响很大。特别是提案被国语统一筹备委员会通过并经国民政府教育部同意，组织了汉字省体委员会以后，就更具有号召力，简体字运动从此活跃了起来。

1923 年，胡适在《国语月刊·汉字改革号》的《卷头言》中说：“语言文字的改革决不是一朝一夕能做到的”，然而“中国的小百姓不但做了很惊人的文法革新，他们还做了一件同样惊人的革新事业：就是汉字形体上的大改革，就是‘破体字’的创造与提倡”。他赞扬钱玄同等人提出的简化汉字的主张，认为“这虽不是彻底改革，但确然是很需要而且应该有的一桩过渡的改革”。此外，《国语月刊·汉字改革号》上还发表了其他一些人的赞成简化汉字的文章。

除《国语月刊》外，20 年代末到 30 年代初，热心于简体字运动的文字工作者还曾经在《语丝》《论语》《太白》《教育与民众》等 20 多种期刊和《京报》副刊、《申报·自由谈》等 10 多种报纸上发表过提倡简体字的文章，并陆续出版了一批研究简体字的专著。如 1928 年胡怀深的《简易字说》出版，这是有意识地为简化汉字服务的最早的资料专书。1930 年，刘复、李家瑞的《宋元以来俗字谱》出版，这本书根据翔实的资料收录了 1600 多个俗字，是当时影响最大的一本简体字资料专书。同年，还出版了卓定谋的《章草考》、陈光尧的《简字论集》等。1931 年，徐则敏的《常用简字研究》问世。1932 年，由国语统一筹备委员会编的《国音常用字汇》出版，该书把宋元以来的习用简体字大多收入了，是最早提倡简体字的字汇。1934 年，杜定友的《简字标准字表》出版，同年还发表了徐则敏的《550 俗字表》。上述论文和专著的出版，从一个侧面反映了当时简体字运动的活跃景象。

1934 年，钱玄同又向国语统一筹备委员会提出《搜采固有而较适用的简体字案》。为什么要二度提出搜采简体字案呢？因为汉字省体委员会设立10多年来，国语统一筹备委员会在简体字方面并没有做出什么切实的成绩来，只是在教育部1932年公布的《国音常用字汇》里“酌收”了“习见之简体字”若干，并且“用小字旁注于普通体之下，以示提倡”。钱玄同对此状况是不满意的，于是再次提出议案，进一步阐明推行简体字的作用与方法。钱玄同的议案提出搜采固有简体字的六个来源：①现在通行的俗体字；②宋元以来小说等书中的俗字；③章草；④行书与今草；⑤《说文》中笔画减少的异体；⑥碑志造象及敦煌写本中的别字。他还建议“选取最适用之一体定为标准”。这个提案议决通过后，国语统一筹备委员会决定由钱玄同主持一个工作组负责搜采编印《简体字谱》，再由委员会选定，送交教育部审核后公布推行。这就为简体字运动进入实践阶段创造了条件。

## 第二节　汉字简化运动的初步实践

（1935—1949）

### 一、推行手头字运动

30年代，正当著名的拉丁化新文字运动和大众语运动相互配合、蓬勃发展的时候，简体字也开始进入了群众性的实际推行阶段。到了30年代中期，简体字运动已不再是纸上谈兵，而是“呼之欲出”。1935年初春，《太白》半月刊主编陈望道，联合上海的文字改革工作者组织手头字推行会，并发起了一场颇有声势的推行手头字运动。这是汉字简化运动开始进入实践阶段的重要转折，具有里程碑的意义。

手头字就是简体字。手头字推行会选定的第一批手头字共300个。这一年的2月24日，上海《申报》首先刊载《手头字之提倡》的新闻报道，同时发表了《推行手头字缘起》和《手头字第一期字汇》，正式揭开了推行手头字运动的序幕。紧接着，上海其他报刊纷纷响应，相继刊发推行手头字的消息，转载《推行手头字缘起》,从而使群众自发进行的这场简体字运动迅速发展了起来。

手头字运动由蔡元培、邵力子、陶行知、郭沫若、胡愈之、陈望道、叶圣陶、巴金、老舍、郑振铎、朱自清、李公朴、艾思奇、郁达夫、胡风、林汉达、叶籁士等当时文化教育界的知名人士200人，以及《太白》《文学》《译文》《小朋友》《中学生》《新中华》《读书生活》《世界知识》等15家杂志社共同发起。《推行手头字缘起》把发动这场运动的目的说得非常清楚：

> 我们日常有许多便当的字，手头上大家都这么写，可是书本上并不这么印。识一个字须得认两种以上的形体，何等不便。现在我们主张把“手头字”用到印刷上去，省掉读书人记忆几种字体的麻烦，使得文字比较容易识，容易写，更能够普及到大众。……先选出手头常用的三百个字来作为第一期推行的字汇，以后再逐渐加添，直到“手头字”跟印刷体一样为止。 （摘自《读书生活》第一卷第九期，1935年3月10日）

手头字的倡导者们不仅目的非常明确，而且深深懂得，提倡手头字不能只停留在口头上，还必须付诸行动。正如《推行手头字缘起》所说：“这种主张从前也有人提出过，可是他们没有实在做，所以没有什么影响。”因此手头字的倡导者们汲取了过去的经验教训，决定“把‘手头字’铸成铜模浇出铅字来，拿来排印书本”。他们说干就干，立即实践，《太白》《论语》《读书生活》等好些杂志当时就带头试用手头字排印，使手头字及时地跟广大读者见了面。这种身体力行、率先垂范的精神，的确难能可贵。倡导者们这样做的目的，《缘起》里讲得也很清楚，那就是“希望关心文化的先生们，赞同我们的主张，并且尽量采用这个字汇”（《读书生活》第一卷第九期）。

推行手头字的运动受到了广大群众的欢迎。实践证明，汉字简化是可行的，《手头字第一期字汇》所收的300字，后来大部分被国民政府教育部颁布的《第一批简体字表》(1935)所采用，而且大部分与现行简化字完全相同就是证明。推行手头字运动产生了巨大而深远的影响，大大加快了汉字简化运动实践的进程。

## 二、《第一批简体字表》的颁布与取消

在简体字运动日益发展的形势逼迫下，1935年8月，南京国民政府教育部也不得不公布《第一批简体字表》。由政府公布法定的“简体字表”，这在我国历史上是史无前例的，因而是件有重大意义的事。然而可惜的是，由于受到国民党内保守势力的强烈反对，《第一批简体字表》在公布半年之后就被通令“暂缓推行”，结果使这件利国利民的大事功败垂成。

### (一)《第一批简体字表》的编制经过

1934年1月，国语统一筹备委员会第29次常委会通过了钱玄同的《搜采固有而较适用的简体字案》，并呈请教育部施行。经教育部批准同意后，立即委托钱玄同主持编选《简体字谱》。但是编选工作事实上并没有开始，直到1935年1月，国语统一筹备委员会重提此事后，才正式着手编选。尽管当时钱玄同身体很不好，写字都非常困难，但他还是坚持工作，勉力编选。编选工作到6月中旬基本结束，完成了初稿，选定2400多个简体字提交教育部简体字审核委员会审核。自6月20日开始，审核委员会黎锦熙、汪怡、赵元任、潘尊行、张炯、钟灵秀、吴研因、顾良杰等委员对原稿逐字审查，结果从初稿中选定了2340个字，并认为其中1200多字是便于铸造铜模的。在此基础上，由当时的教育部长王世杰“用红笔圈出324字”，定为《第一批简体字表》，于1935年8月21日由教育部发布第11400号部令，正式公布。

### (二)《第一批简体字表》的选字原则

《第一批简体字表》的选字原则有三条：

1. 依述而不作之原则；
2. 择社会上比较通行之简体字，最先采用；

3. 原字笔画甚简者，不再求简。

这三条选字原则都是正确的，适当的。由于遵循了以上三条原则，所以该表在选定俗字、古字、草字、假借字等字体时相当严谨。古字必有所依据，其他字体则必承宋元以来之旧，近代俗体必全国流行已久，至于只流传于某地方或某行业的则不采。《第一批简体字表》所收 324 字，都来自钱玄同主持编选的“简体字谱”，钱玄同为这个简体字表的出台、为整个简体字运动作出了不可磨灭的卓越贡献。自然，钱玄同在负责编选《简体字谱》期间，正值上海推行手头字运动兴起之时，所以，无论是《简体字谱》还是后来正式颁布的《第一批简体字表》，都跟《手头字第一期字汇》有着千丝万缕的联系。据统计，《第一批简体字表》所选的字，有 193 个跟《手头字第一期字汇》中的字完全相同，如粮、灵、庐、芦、庙、气、时、迁、穷、晒、双、虽、体、条、袜、万、戏、阳、犹、远、毡、这、庄、环、过、柜、称、办、丰……。

（三）《第一批简体字表》的推行与夭折

《第一批简体字表》正式颁布后，8 月 22 日，教育部即制定，公布了《各省市教育行政机关推行部颁简体字办法》，要求各地教育部门遵照执行。该推行办法的主要内容是：

1. 凡小学、短期小学、民众学校各课本，儿童及民众读物，均应采用部颁简体字。

2. 采用部颁简体字之课本，应于各册末页，附生字表，将繁体字一并编入，并须于第一次采用该字之课文末，或下方，或其他适当地方，另立对照表，以资比对。

3. 自民国 25 年（1936 年）7 月起：

①凡新编之小学课本，短期小学课本及民众学校课本，不用部颁简体字者，不予审定。

②凡重印课本，均应采用部颁简体字。

③新编或重印之儿童或民众读物，不用部颁简体字者，各校不得采用。

④各学校考试答案，部颁简体字，得一律适用。

4. 各省县市各新闻业，应由所在地主管教育行政机关，敕令在可能范围内，采用部颁简体字排印。

同年10月3日，当时的南京国民政府还以中央政府主席、行政院长、教育部长的名义，通令全国，要求全面推行简体字表。

上述措施，除前者第二条要求附上繁简对照表有所不妥以外，总的讲还是严厉的，然而这些推行措施都只是表面现象。由于当局对简体字表的提出原本就是形势所迫，并没有多少诚意，再加上简体字表颁布后遭到了所谓“中央要人、省主席、名流”等的竭力反对，甚至演出了所谓“为汉字存亡请命”而下跪的闹剧。太原、香港等地还出现了反对简体字的团体“存文会”，要求“勿强制推行简体字”。

在国民党内保守势力的反对和阻止声中，当局便只得改变初衷。1936年2月5日，教育部奉行政院命令，训令“简体字应暂缓推行”。这样，在“尚须重加考虑”，“应暂缓推行”等借口下，《第一批简体字表》被收回了，废止了。当然，《第一批简体字表》的夭折，不能单纯看作是一个字表的问题。它反映了统治当局在理论上完全接受了所谓推行简体字“有碍中国固有文化”的谬论，否定了简体字对教育、文化的发展“实大有裨益”的正确观点，进而开始全面地停止以政府的名义推行简体字。

但是，尽管南京国民政府当局下令“暂缓推行”简体字，人民群众在社会上使用简体字是难以禁止的。简体字在民间照样不胫而走，不推而行。1936年10月，容庚出版了《简体字典》(4445字)，并且在燕京大学开设简体字课加以实验。同年11月，陈光尧的《常用简字表》(3150字)出版，所收字中源自草书的占48%，源自俗体的占40%，其中有不少字经过了作者的改写。1937年5月，字体研究会发表了《简体字表》第一表（约1700字）。上述著作的出版，说明简体字的研究并没有停止。

### 三、抗日根据地和解放区的简体字运动

早在第一、二次国内革命战争时期，中国共产党所领导的苏区就曾广泛地使用简体字。抗日战争和解放战争期间，简体字运动在各抗日根据地和解放区十分活跃，事实上形成了这一时期我国简体字运动的主潮。抗日根据地和解放区的大量油印书报刊物和各种宣传品都曾采用和创造过许多的简体字，如“拥、护、干、产、奋、红、会、党、参、报、胜、敌、劳、运、动、团、欢、阅、斗、战、争、苏、实”等。随着解放战争的胜利，这些简体字流行到全国各地，被称为“解放字”。这在汉字简化运动史上是引人注目的重要一页。

## 第三节　汉字简化运动的振兴和发展
（1949—1955）

从清末到新中国成立前40多年的简体字运动，在文字改革先驱者的热心提倡之下，从减少汉字的笔画、精简字数和改善汉字的表音表义功能等方面进行了种种试验，对历史上出现过的俗体、破体和手头字进行整理，并曾把它应用于扫盲和小学教育，这不仅给当时的初学者减轻了负担，而且在汉字简化运动史上起了承前启后的作用。但是，由于当时提倡和推行简体字的目的局限于扫除文盲和普及教育，始终没有把简体字运动扩展到一切文化领域，再加上满清和国民政府当局对简体字不重视，当时汉字的守旧势力又比较强大，所以，简体字虽然时断时续地有人在提倡，但进展缓慢，声势和规模一直不是很大，终究没有得到普遍推行。只有在中华人民共和国成立以后，汉字简化运动才得到振兴和发展，简体字也才从群众自发的推行一跃而进入在中国共产党和人民政府领导下的有计划、有组织地搜集、整理，以至公布推行的历史新时期。

## 一、新中国的诞生——汉字简化运动进入政府有计划推动的历史新阶段

汉字简化作为文字改革的一项重要内容，需要一定的社会政治条件。1949 年，中国人民在以毛泽东同志为领袖的中国共产党领导下，在经历了长期艰难曲折的武装斗争和其他形式的斗争以后，终于推翻了帝国主义、封建主义和官僚资本主义的统治，建立了中华人民共和国。新中国的诞生，标志着汉字简化运动在走完一段漫长的道路之后，步入了一个崭新的时期。这一时期，作为文字改革工作内容之一的汉字简化运动成为社会主义建设事业的组成部分。全国政治、经济的高度统一，各民族人民的空前团结，为汉字简化运动的振兴提供了前所未有的有利条件；党和人民政府的重视和当家做了主人的广大人民群众的支持，为汉字简化工作在全国范围的发展奠定了深厚的社会基础。

共和国成立之初，中国是一个教育不普及的文盲充斥的国家，全国 80%以上的人口是文盲。不能想像，有着几万万文盲的国家而能够建成社会主义。因此，扫除文盲，普及教育，提高全民的科学文化素质，便成为当时一项紧迫的任务。而汉字的繁难，给学习和使用带来很大困难，成了初学文化的儿童和成年人难以逾越的“高门槛”。这个问题直接关系到新生政权的巩固和发展，关系到国计民生。所以，党和政府十分关怀和重视文字改革工作，把简化汉字作为建国初期文字改革的首要任务。

1949 年 10 月 10 日，共和国诞生的第 10 天，新中国的第一个全国性文字改革组织——中国文字改革协会即宣告成立。到会的有来自全国各地的语文工作者、华侨、少数民族代表及各界来宾 227 人。协会成立的目的，在于“团结中国文字改革工作者，其宗旨是提倡中国文字改革，并且研究和试验中国文字改革的方法”。中国文字改革协会虽然是个群众社团，但具有半官方性质，是在毛泽东、刘少奇等党和国家主要领导人的直接关怀下成立的，吴玉章为常务理事会主席，包括董必武等老一辈革命家在

内的78人为理事，显示了新生革命政权对文字改革事业的关注和重视。

1952年2月5日，新中国第一个主管文字改革工作的国家研究机构——中国文字改革研究委员会成立。该机构隶属于中央人民政府政务院文化教育委员会，是在中央教育部的直接筹划下，由原中国文字改革协会改组并合并其他机构组成的，马叙伦为主任委员，吴玉章为副主任委员。该机构成立后，接替了民间组织中国文字改革协会的全部工作，使50年来一直由民间有识之士推动的文字改革运动，改由具有一定行政职能的政府研究机构来负责推动。当时，整理和简化汉字是中国文字改革研究委员会的即定工作任务之一。

1953年10月1日，中国共产党中央委员会设立了中央文字问题委员会。委员有董必武、徐特立、吴玉章等30多人。胡乔木为主任，范文澜为副主任。成立这个委员会的目的是协调党内对于文字改革的不同意见，研讨文字改革的重大原则和实行步骤问题，加强党对文字改革工作的指导。

1954年10月8日，由周恩来总理提议并经第一届全国人民代表大会常务委员会第二次会议批准设立中国文字改革委员会。该委员会为国务院直属机构，由原中国文字改革研究委员会改组而成。11月20日，国务院任命吴玉章为中国文字改革委员会主任，胡愈之为副主任。12月23日，中国文字改革委员会正式成立并举行第一次全体会议。新成立的中国文字改革委员会设有秘书长和汉字整理、拼音方案、技术指导、方言调查、词汇研究、宣传推广、编辑出版、语文教学等业务部门，是一个机构健全的政府职能部门。

中国文字改革委员会的设立表明：我国文字改革机构已由研究性质改变为国家职能机构。从此，汉字简化作为文改的一项重要内容，从原来主要由民间推动转变成为中央政府的重任之一，开始举全国之力来推动了。

## 二、汉字简化运动的研究准备

共和国成立之初，良好的社会政治条件和文字改革机构的建立，有力地保证了汉字简化的研究准备工作有领导、有计划、有组织地开展。

1950年，中央教育部开始进行简体字的研究选定工作。8月9日，教育部社会教育司举行简体字的研究选定工作座谈会，与会者共同商定了选定简体字的四条原则：

（1）整理选定已经通行的简体字，必要时根据已有简体字的简化规律加以适当的补充；

（2）所选定、补充的简体字，以楷体为主，间或采取行书、草书，但必须注意容易书写和便于印刷；

（3）简体字的选定和补充，以最常用的汉字为限，不必为每一繁难的汉字制作简体；

（4）简体字选定之后，由中央教育部报请中央人民政府政务院公布实行。

中央教育部社会教育司根据上述原则广泛搜集资料，编制了《常用简体字登记表》，从已经搜集到的四五千个常用字中选出了1500多字，于1950年9月分送各有关方面和语文工作者征求意见。后陆续收到11个团体和52位语文工作者的意见，归纳起来，应征者对简体字的选定原则主要提出了以下两条意见：

（1）选定简体字应该遵循约定俗成的原则。《常用简体字登记表》中选定的许多简体是资料的提供单位、团体和个人自创的，缺乏群众基础，这些字不能马上推行，应该把确实已经通行的简体字加以整理、确定，然后予以推行；

（2）草书楷化的简体字确有它的优点，即弧形的笔势和笔画的连结能使书写速度加快，但弧形交叉和笔画的勾连却使得汉字的字形差别减少，不仅增加了初识字的人认读和书写的困难，而且草书楷化的形体远不及正楷体那样结构匀称、美观。因此，草书楷化的字体绝大多数不适于印刷，只有少数楷化的草书简体可以采用。

根据征集的意见，中央教育部社会教育司重新考虑了简体字的选定原则，决定完全根据“述而不作”的精神选定简体字，并适当注意缩减通用汉字的数目，把异体或可以相互通用的字尽量合并。后经反复研究、修改，于1951年拟出《第一批简体字表（初稿）》，收比较通行的简体字555个。

1952年2月，中国文字改革研究委员会成立后，研究和整理简体字的任务便转由该委员会承担。中国文字改革研究委员会于同年3月25日成立汉字整理组，并当即召开第一次会议，决定以《第一批简体字表（初稿》）为基础进行删改，草拟简化汉字笔画和精简汉字字数的方案。汉字整理组重新确定了编制简化字方案的四条原则：

（1）已有通行简体的字，以述而不作、不另造简体字为原则。但无通行简体而笔画较多的常用字不妨另找简体；

（2）简体字以印刷体为准，其构造宜注意与手写体相近。偏旁简化可以类推；

（3）异体字由本组另行处理，代用字暂不入本表；

（4）简体字表公布时，以简体字为主，附注繁体。排列按起笔、一丨丿一的次序，首笔相同视次笔，另附由读音检简字及由繁体检简字的两个检字表。

在上述原则指导下，中国文字改革研究委员会汉字整理组于1952年下半年拟出《常用汉字简化表草案》第一次稿，收比较通行的简体字700个。该稿曾送毛泽东主席审阅，毛泽东主席阅后作了批示，他指出：拟出的700个简体字还不够简。作简体字要多利用草体，找出简化规律，作出基本形体，有规律地进行简化。汉字的数量也必须大大减缩，一个字可以代替好几个字，只有从形体上和数量上同时精简才算得上简化。

中国文字改革研究委员会认真学习了毛泽东主席的批示，决定立即着手进行整理全部通用汉字的工作，首先从数量上进行精简。但经过一段时间工作后发现，精简字数的研究特别是在字的选择上一时不容易得到全面的结果，如果等到精简全部通用汉字的研究有了全面成果以后再着手拟订草化简体字，恐要拖很长时间，而社会上则迫切要求加快简体字的推行和异体字的整理工作。于是便决定在《常用汉字简化表草案》第一次稿所收700个简体字的基础上，再行筛选，把那些在社会上已经广泛流行且没有争议的简体字先行抽出，形成《常用汉字简化表草案》第二次稿。该稿于1953年11月拟出，收广泛流行的简体字338个。中共中央文字问题委员会审阅该稿后认为：只简化338个字太少，要根据草书和简体字的偏旁及其他部分，进行类推简化。

汉字整理组根据中共中央文字问题委员会的批示精神，在中央教育部公布的2000常用字的范围内，利用简化偏旁类推简化同偏旁字的方法，对常用字进行简化，把简体字从338个扩充到1634个，到1954年2月，形成了《两千常用字简化表初稿》，即《常用汉字简化表草案》第三次稿。该稿分送在京的教育、新闻、出版单位征求意见。各有关方面认为：把简体字从338个扩充到1634个，要铸造很多的新字模，在技术上、物质上颇有困难，这些困难是需要加以认真考虑的。

根据各有关方面提出的主要意见，汉字整理组遂对《常用汉字简化表草案》第三次稿进行修改，将印刷体和手写体分别处理，即把已经整理过的简体字作为印刷体，把那些根据草书笔画简化的字（除少数草书楷化的字以外）作为手写体。同时，对一些简化不够的字作必要的修改，遗编未简的笔画繁杂的常用字酌量补充简化。1954年6月，形成了《常用汉字简化表草案》第四次稿，收印刷体简体字600个和手写体简体字1800个（含600个需要刻制铜模的印刷体简体字）。

中国文字改革研究委员会第四次全体委员会审议《常用汉字简化表草案》第四次稿后，同意把印刷体和手写体分别简化的原则，并授权韦悫、叶恭绰、丁西林、叶圣陶、魏建功、林汉达、曹伯韩七人对该稿作进一步的整理。七人小组又推定叶恭绰、丁西林、魏建功三人做具体整理工作，并将整理范围由两千常用字扩大到4120字（根据商务印书馆出版的《简明字汇》、小学教科书、工农教材的生字和几种字典、字汇共有的字选定）。叶恭绰等三人把这4120个字按不同情况分别列成三个简体字表。第一表收674个社会上已广泛流行的简体字或同音代用字，第二表收104个社会上有争议的简体字或同音代用字，第三表收3342个不必简化或暂不简化的字。另列附表，收4120个字以外的拟声字、姓名和地名用字中的简体。这就形成了1954年9月拟订的《印刷字体整理表》，即《常用汉字简化表草案》第五次稿。该稿还逐字为4120个汉字拟订了手写体，编成《手写体表》和《书写字体偏旁类推表》。

1954年11月30日，根据中央指示，中国文字改革委员会第一次常务委员会议决定对《常用汉字简化表草案》第五次稿再作必要的修改。汉字整理组遂在第五次稿的基础上编成《汉字简化方案草案》，计收798个简体字（由原第五次稿中的第一表、第二表及附表中的简体字删并而成）、拟废除的400个异体字和251个手写体汉字简化编旁。1955年1月，中国文字改革委员会、教育部、中国人民解放军总政治部、中华全国总工会发出联合通知，印发《汉字简化方案草案》30万份，要求各省市教育厅局、部队和工会组织有关方面人士进行讨论，征求意见。同年2月，中国文字改革委员会在中央一级主要报纸、刊物上公开发表《汉字简化方案草案》。3月至4月，政协全国委员会举行汉字简化和改革问题报告会，董必武在政协全国委员会常委小组讨论会上就汉字简化问题作了说明。与此同时，文化部、教育部、邮电部、新华社等与文字改革工作关系密切的部门，分别组织干部和群众讨论《汉字简化方案草案》。北京和天津的40余种报刊，还从5月份起分两批先行试用了《汉字简化方案草案》中的141个最通行的简体字，取得很好的效果。据统计，自《汉字简化方案草案》发表至同年7月的半年多时间里，中国文字改革委员会共收到各界群众的来信和意见书5167件，全国参加讨论人数达20万，其中赞成《汉字简化方案草案》的人数占97%（详见《当代中国的文字改革》第146页—147页，当代中国出版社，1995）。说明新中国成立初期的汉字简化工作得到了全国绝大多数人民群众的拥护和支持。

1955年7月13日，经中国文字改革委员会提议并经中共中央书记处同意，国务院设立汉字简化方案审订委员会。审订委员会由12位委员组成，董必武任主任委员，郭沫若、马叙伦、胡乔木为副主任委员。随后，中国文字改革委员会根据各方面的意见，再次对《汉字简化方案草案》进行修订，于1955年9月拟出《汉字简化方案修正草案》，提交国务院汉字简化方案审订委员会审订。《汉字简化方案修正草案》删除了原草案中《拟废除的400个异体字表草案》和《汉字偏旁手写简化表草案》两部分内容，简化字由原草案的798个调整为512个，另增收了56个简化偏旁。至于异体字问题，决定不放在简化方案中解决，单独整理、拟订《第一批异体字整理表草案》。至此，汉字简化工作的研究准备阶段初步告一段落。

## 三、全国文字改革会议的召开和汉字简化方针的确定

在汉字简化工作积极、稳妥、有序地进行并得到广大群众关心支持的情况下，1955年10月15日至23日，经中央批准，中国文字改革委员会和教育部在北京联合召开了全国文字改革会议，出席会议的有来自全国28个省、市、自治区和中央一级有关机关、人民团体和部队的代表207人。这次会议确定了我国汉字简化工作的方针，是我国汉字简化运动史上的一次具有重要意义的会议。

中国文字改革委员会主任吴玉章在开幕式上作了《文字必须在一定条件下加以改革》的报告。他指出：这次会议的任务是在汉字改革的正确方针之下，首先解决两个迫切的具体问题，这就

是简化汉字和推广以北京语音为标准音的普通话——汉民族共同语。在谈到汉字简化时，吴玉章指出："汉字简化是为了逐步精简汉字的笔画和字数，以减少汉字在记认、书写、阅读和印刷中的困难。""汉字简化，虽然不是根本改革，却可以大大减少学习和使用汉字的困难，并且节省在使用文字时所需要的劳动力，从我国社会主义建设事业和文化教育工作来说，这都是一件好事。"吴玉章还提出了简化汉字所必须采取的"约定俗成、稳步前进"的方针。

中国文字改革委员会常务委员、汉字整理部主任叶恭绰作了《关于汉字简化工作的报告》。报告回顾了汉字简化的历史，以及《汉字简化方案修正草案》和《第一批异体字整理表草案》的制订经过，着重阐释了"约定俗成、稳步前进"的汉字简化方针。他说："约定俗成"就是在社会习惯的基础上来因势利导，就是尽可能采用已经流行的简化字，并不是把目前的汉字彻底改造成为整批新字，也不是有系统地改变字体。根据一种理想的原则（比方新形声字）来彻底改造汉字，要付诸实行很不容易，改造得越彻底推行就越困难。简化字的字形应该以流行的"俗字"为主，"违反约定俗成而采用严格地系统类推的原则，是没有好处的。"所谓"稳步前进"是说简化步骤不是一次简化，而是分批简化。因为我们要使得社会上流行的简化字尽可能成为正规文字，那就不能不考虑到一般人的学习过程。如果把成千的简化字一次拿出来，群众就难以记认，容易引起混乱或阅读上的困难，而且在印刷上改制铜模也有困难。

会议讨论了中国文字改革委员会所提出的《汉字简化方案修正草案》和《第一批异体字整理表草案》，听取并讨论了叶恭绰常务委员《关于汉字简化工作的报告》。会议一致同意汉字简化的方针、原则、步骤，即选定字形要尽量采用群众中已经通行的简化字，而推行步骤要采取逐步分批实施的方式。根据会议代表提出的意见，会议决定对《汉字简化方案修正草案》中的 19 个简化字进行修改，取消了一个简化偏旁。会议一致通过了《汉字简化方案修正草案》和《第一批异体字整理表草案》。会后，中国文字改革委员会又根据全国文字改革会议的决议，对《汉字简化方案修正草案》作了个别的调整，使简化字的字数由修正草案的512个增加到515个，简化偏旁由修正草案的56个减少到54个。

全国文字改革会议是中国历史上第一次全面地讨论文字改革问题的全国性会议。会议提出"约定俗成、稳步前进"的汉字简化八字方针，经过后来的实践证明是完全正确、切实可行的，一直到今天仍然适用。这次会议的胜利召开，标志着新中国文字改革工作研究准备阶段的完成而进入了全面实施阶段。

## 第四节　汉字简化运动的高潮及其成果（1956—1986）

全国文字改革会议召开过后，我国汉字简化运动的高潮随之到来。在政府的组织推动和全国人民的积极参与下，《汉字简化方案》（1956）和《简化字总表》（1964）正式颁布并得以有计划、分步骤地全面推行，法定的简化字取得了"正体字"的地位并开始进入逐步完善的新阶段。

### 一、《汉字简化方案》

1955年10月，《汉字简化方案草案》经过全国文字改革会议讨论通过，会后中国文字改革委员会根据讨论的结果又作了修改，修改后的草案经国务院汉字简化方案审订委员会审订。1956年1月28日，国务院全体会议第23次会议通过了《关于公布〈汉字简化方案〉的决议》。1月31日，《人民日报》全文发表了国务院的《决议》和《汉字简化方案》。

《汉字简化方案》的颁布，是对千百年来流行于民间的俗体字、减笔字、手头字的规范，是对清末以来无数仁人志士所从事的汉字简化工作的总结，是新中国文字改革工作的第一个重大成果。它标志着新中国的汉字简化运动，经过六年多一系列周密、细致的工作，在前人艰苦卓绝、不懈奋斗的基础上，终于取得了切实的成果。

下面，分别就《汉字简化方案》的内容、简化方法、简化字的来源和《汉字简化方案》的评析等几个方面作一简要介绍。

### （一）《汉字简化方案》的内容及适用范围

《汉字简化方案》共分三个字表。第一表为已经大部分报刊试用，公布后即可正式使用的230个简化字（表1）；第二表为先试用两个月，经过修正后再正式推行的285个简化字（表2）。两表共收简化字515个。第三表为先试用两个月，经过修正后再正式推行的54个可以类推的简化偏旁（表3）。

［**表1**］

## 汉字简化第一表

这个表里有230个简化汉字，按注音字母音序排列。括弧里边的字是原来的繁体字。

| | | | | |
|---|---|---|---|---|
| 罢（罷） | 卜（蔔） | 备（備） | 宝（寶） | 报（報） |
| 办（辦） | 板（闆） | 帮（幫） | 别（彆） | 标（標） |
| 表（錶） | 边（邊） | 宾（賓） | 补（補） | 辟（闢） |
| 朴（樸） | 扑（撲） | 么（麼） | 迈（邁） | 霉（黴） |
| 蒙（矇濛懞） | | 弥（彌瀰） | 蔑（衊） | 庙（廟） |
| 面（麵） | 范（範） | 奋（奮） | 丰（豐） | 妇（婦） |

复(復複覆)　　达(達)　斗(鬥)　担(擔)
胆(膽)　当(當噹)　党(黨)　灯(燈)　敌(敵)
淀(澱)　点(點)　电(電)　垫(墊)　独(獨)
夺(奪)　对(對)　断(斷)　冬(鼕)　东(東)
动(動)　态(態)　台(臺檯颱)　　头(頭)
体(體)　铁(鐵)　条(條)　听(聽)　团(團糰)
难(難)　拟(擬)　乐(樂)　类(類)　累(纍)
里(裏)　礼(禮)　丽(麗)　厉(厲)　励(勵)
离(離)　了(瞭)　刘(劉)　帘(簾)　联(聯)
粮(糧)　灵(靈)　罗(羅囉)　乱(亂)　个(個)
盖(蓋)　干(乾幹)　赶(趕)　谷(穀)　刮(颳)
过(過)　归(歸)　关(關)　观(觀)　巩(鞏)
克(剋)　开(開)　垦(墾)　恳(懇)　困(睏)
号(號)　后(後)　护(護)　画(畫)　划(劃)
伙(夥)　怀(懷)　坏(壞)　会(會)　欢(歡)
环(環)　还(還)　几(幾)　击(擊)　际(際)
家(傢)　价(價)　借(藉)　旧(舊)　艰(艱)
荐(薦)　歼(殲)　尽(盡儘)　姜(薑)　举(舉)
剧(劇)　据(據)　卷(捲)　齐(齊)　气(氣)
窍(竅)　乔(喬)　秋(鞦)　千(韆)　迁(遷)
区(區)　确(確)　权(權)　劝(勸)　牺(犧)
系(係繫)　协(協)　献(獻)　咸(鹹)　衅(釁)
向(嚮)　响(響)　兴(興)　选(選)　旋(鏇)
只(衹隻)　致(緻)　制(製)　执(執)　这(這)

折(摺)　战(戰)　征(徵)　症(癥)　証(證)
朱(硃)　筑(築)　准(準)　庄(莊)　种(種)
众(衆)　迟(遲)　丑(醜)　尝(嘗)　偿(償)
厂(廠)　称(稱)　惩(懲)　处(處)　触(觸)
出(齣)　冲(衝)　虫(蟲)　湿(濕)　时(時)
实(實)　势(勢)　师(師)　舍(捨)　晒(曬)
寿(壽)　沈(瀋)　伤(傷)　声(聲)　帅(帥)
双(雙)　热(熱)　灶(竈)　总(總)　辞(辭)
才(纔)　参(參)　惨(慘)　蚕(蠶)　从(從)
聪(聰)　洒(灑)　扫(掃)　丧(喪)　苏(蘇囌)
虽(雖)　随(隨)　孙(孫)　松(鬆)　爱(愛)
碍(礙)　尔(爾)　医(醫)　义(義)　压(壓)
叶(葉)　优(優)　犹(猶)　邮(郵)　养(養)
痒(癢)　样(樣)　蝇(蠅)　应(應)　务(務)
袜(襪)　为(爲)　伪(僞)　万(萬)　余(餘)
御(禦)　吁(籲)　郁(鬱)　与(與)　远(遠)
云(雲)　运(運)　拥(擁)

[**表 2**]

## 汉字简化第二表

这个表里有 285 个简化汉字，按注音字母音序排列。括弧里边的字是原来的繁体字。

坝(壩)　摆(擺襬)　笔(筆)　币(幣)　毕(畢)
毙(斃)　盘(盤)　凭(憑)　苹(蘋)　仆(僕)
买(買)　卖(賣)　麦(麥)　梦(夢)　灭(滅)
亩(畝)　发(發髮)　飞(飛)　矾(礬)　坟(墳)
粪(糞)　风(風)　凤(鳳)　肤(膚)　麸(麩)
带(帶)　导(導)　单(單)　邓(鄧)　籴(糴)
递(遞)　迭(疊)　堕(墮)　队(隊)　吨(噸)
摊(攤)　滩(灘)　瘫(癱)　坛(壇罎)　叹(嘆)
誊(謄)　粜(糶)　厅(廳)　涂(塗)　图(圖)
椭(橢)　恼(惱)　脑(腦)　镊(鑷)　酿(釀)
宁(寧)　农(農)　疟(瘧)　蜡(蠟)　腊(臘)
来(來)　垒(壘)　娄(婁嘍)　兰(蘭)　拦(攔)
栏(欄)　烂(爛)　砾(礫)　历(曆歷)　隶(隸)
篱(籬)　猎(獵)　疗(療)　辽(遼)　浏(瀏)
炼(煉)　练(練)　怜(憐)　邻(鄰)　临(臨)
两(兩)　俩(倆)　辆(輛)　岭(嶺)　龄(齡)
卢(盧)　泸(瀘)　芦(蘆)　炉(爐)　庐(廬)
虏(虜)　卤(鹵滷)　录(錄)　陆(陸)　龙(龍)
虑(慮)　滤(濾)　驴(驢)　沟(溝)　构(構)
购(購)　顾(顧)　国(國)　龟(龜)　柜(櫃)
广(廣)　夸(誇)　扩(擴)　块(塊)　亏(虧)
矿(礦)　合(閤)　汉(漢)　壶(壺)　沪(滬)
胡(鬍)　华(華)　获(獲穫)　回(迴)　秽(穢)
汇(匯彙)　轰(轟)　饥(饑)　鸡(鷄)　积(積)

极(極)　继(繼)　夹(夾)　阶(階)　节(節)
疖(癤)　洁(潔)　胶(膠)　监(監)　舰(艦)
鉴(鑒)　硷(鹼)　拣(揀)　茧(繭)　紧(緊)
烬(燼)　仅(僅)　进(進)　将(將)　奖(獎)
浆(漿)　桨(槳)　酱(醬)　讲(講)　惊(驚)
竞(競)　惧(懼)　启(啓)　岂(豈)　壳(殼)
窍(竅)　牵(牽)　纤(縴纖)　签(簽籤)　亲(親)
寝(寢)　蔷(薔)　墙(牆)　枪(槍)　庆(慶)
曲(麯)　琼(瓊)　穷(窮)　习(習)　戏(戲)
虾(蝦)　吓(嚇)　写(寫)　泻(瀉)　胁(脅)
亵(褻)　显(顯)　宪(憲)　县(縣)　象(像)
乡(鄉)　须(鬚)　悬(懸)　逊(遜)　寻(尋)
滞(滯)　质(質)　斋(齋)　赵(趙)　昼(晝)
毡(氈)　郑(鄭)　嘱(囑)　烛(燭)　浊(濁)
专(專)　桩(樁)　壮(壯)　装(裝)　妆(妝)
状(狀)　钟(鐘)　肿(腫)　齿(齒)　彻(徹澈)
产(產)　缠(纏)　搀(攙)　谗(讒)　馋(饞)
忏(懺)　尘(塵)　衬(襯)　长(長)　础(礎)
刍(芻)　疮(瘡)　适(適)　杀(殺)　摄(攝)
兽(獸)　审(審)　渗(滲)　绳(繩)　圣(聖)
胜(勝)　术(術)　书(書)　树(樹)　属(屬)
铄(鑠)　扰(擾)　认(認)　让(讓)　杂(雜)
凿(鑿)　枣(棗)　脏(臟髒)　赃(贓)　钻(鑽)
纵(縱)　灿(燦)　仓(倉艙)　层(層)　窜(竄)

丛(叢)　啬(嗇)　涩(澀)　伞(傘)　肃(肅)
岁(歲)　恶(惡噁)　袄(襖)　肮(骯)　儿(兒)
艺(藝)　亿(億)　忆(憶)　亚(亞)　哑(啞)
业(業)　爷(爺)　尧(堯)　钥(鑰)　药(藥)
忧(憂)　艳(艷)　厌(厭)　严(嚴)　盐(鹽)
阴(陰)　隐(隱)　阳(陽)　无(無)　雾(霧)
洼(窪)　韦(韋)　卫(衛)　稳(穩)　网(網)
屿(嶼)　誉(譽)　跃(躍)　园(園)　渊(淵)
愿(願)　酝(醖)　佣(傭)　踊(踴)　痈(癰)

[表 3]

## 汉字偏旁简化表

这个表里有 54 个简化偏旁，按原偏旁的笔画简繁排列先后。括弧里边的是原来的偏旁。简化偏旁有 * 符号的，一般只作为左偏旁用；没有 * 符号的偏旁，不论在一个汉字的任何部位，一般都可以使用。

纟*(糸)　见(見)　讠*(言)　贝(貝)　车(車)
𢀖(巠)　钅*(金)　长(長)　门(門)　东(東)
仑(侖)　冈(岡)　戋(戔)　収(臤)　韦(韋)
页(頁)　风(風)　饣*(飠)　𠃓(昜)　呙(咼)
马(馬)　刍(芻)　师(師)　𫇦(𤇾)　鱼(魚)
乌(鳥)　娄(婁)　区(區)　产(產)　专(專)

| | | | | |
|---|---|---|---|---|
| 发(發) | 单(單) | 几(幾) | 乔(喬) | 只(戠) |
| 尧(堯) | 当(當) | 圣(睪) | 会(會) | 肃(肅) |
| 义(義) | 𰃮(與) | 佥(僉) | 农(農) | 宾(賓) |
| 齐(齊) | 寿(壽) | 监(監) | 𠂉(臨) | 齿(齒) |
| 卖(賣) | 龙(龍) | 罗(羅) | 亦(䜌) | |

关于《汉字简化方案》中简化字的适用范围，国务院在关于公布汉字简化方案的决议中明确指出：(简化字)“从1956年2月1日起在全国印刷的和书写的文件上一律通用；除翻印古籍和有其他特殊原因的以外，原来的繁体字应该在印刷物上停止使用。”这里所说的“其他特殊原因”，主要指文物古迹、书法艺术。此外，专门向港澳台发行、供港澳台同胞阅读的印刷出版物，经国家有关主管部门批准，也可以使用繁体字印刷。

（二）《汉字简化方案》的简化方法和简化字的构成方式

《汉字简化方案》采用了个体简化和类推简化两种简化方法。个体简化就是一个字一个字的简化，《方案》第一表、第二表中的字属于个体简化；类推简化就是利用简化偏旁类推的原则来成批简化，如“車”简化为“车”，则“輥輟輜輔較輾軒”就简化为“辊辍辎辅较辗轩”。单纯使用个体简化的方法，简化的字数量不多，不敷应用；兼用类推简化，实际上得到简化的字就不是515个，而是2000多个。

《方案》所收的简化字。其构成方式主要有八种：

(1) 保留原字轮廓：卤(鹵)　娄(婁)　伞(傘)　肃(肅)；

(2) 保留原字特征部分，省略一部或大部：竞(競)　务(務)医(醫)　开(開)　疟(瘧)　业(業)　籴(糴)；

(3) 改换为形体较简单的声旁或形旁：

改换声旁：　运(運)　辽(遼)　补(補)

改换形旁： ·硷(鹼)

声形都换： 惊(驚) 华(華) 护(護)；

(4) 另造新会意字：尘(塵) 体(體) 双(雙)；

(5) 草书楷化：时(時) 东(東) 长(長) 书(書) 为(爲) 专(專)；

(6) 符号代替：仅(僅) 赵(趙) 区(區) 鸡(鷄) 权(權) 联(聯)；

(7) 同音代替：丑(醜) 后(後) 几(幾) 余(餘) 谷(穀) 只(隻衹)；

(8) 利用古旧字体：

利用古本字：虫(蟲) 云(雲) 号(號) 从(從) 卷(捲) 夸(誇)

利用古代异体：万(萬) 无(無) 尔(爾) 礼(禮)

利用废弃字形：胜(勝)(“胜”为“腥”的本字，后不用) 亲(親)(“亲”为“榛”的本字，后不用)。

(三)《汉字简化方案》中简化字的来源

我们在绪论中曾介绍过，有人认为简化字是少数人闭门造车“造”出来的，事实并非如此。《汉字简化方案》中所收的简化字，绝大多数在历代典籍中是有出处的，而且多在群众中流行已久(参看绪论“简体字古已有之”一节和本书下编“简化字溯源”)。早在1952年，中国文字改革研究委员会开始编拟《常用汉字简化表草案》第一次稿(即《汉字简化方案》的前身)时，就确定了“述而不作”的编选原则。“述而不作”就是只记录、整理已有的简体字，而不去制造新的简体字。这个原则后来发展成为“约定俗成、稳步前进”的汉字简化方针。实践证明，这一方针和原则是正确的，《方案》中收入的简化字，确实体现了“约定俗成”。我们只要追溯一下《方案》中简化字的来源出处，这一点就会看得很明白。

在现存的许多古文物中都可以见到简体字。有的字出现在三四千年前的甲骨文和金文中，如“虫从云气众”等。再如：汉代字书《说文解字》保留的战国古文中有“尔礼无”等字；在湖南长沙马王堆汉墓出土的帛书上有“来隐盖”等字；汉碑上有“聪准献”等字；晋代大书法家王羲之的行书作品中有“车会将来临马书实张”等字；唐代书法家张旭、怀熹的草书作品中有“兴继尧”等字。

古书中的通假字中，也往往采用形体较简单的字来代替形体繁复的字，比如以后代後，以谷代穀，以余代餘，以丑代醜等。《方案》中的同音代替简化字与这些通假字是一致的。

古代许多简体字的字形就已收入字书。例如南朝的《玉篇》中有“准声痒袜”等字；唐代的《干禄字书》中有“籴枭断庄”等字；宋代的《广韵》《集韵》中有“肤尘党”等字；与之同时的辽代字书《龙龛手鉴》中有“侠峡”等字；金代字书《五音集韵》中有“灶”字；明代的《字汇》《字汇补》《正字通》中有“灯阳碍毡”等字。

宋元明清的白话小说中，使用的简体字更多。1930年，刘复、李家瑞合编的《宋元以来俗字谱》(中央研究院历史语言研究所出版）问世，该书根据《古列女传》《大唐三藏取经诗话》《京本通俗小说》《古今杂剧》《全相三国志平话》》《朝野新声太平乐府》《娇红记》《薛仁贵跨海征东白袍记》《岳飞破虏东窗记》《目莲记弹词》《金瓶梅奇书前后部》《岭南逸史》等几种宋元明清通俗文字作品刻本，搜集简体字1600多个，其中有不少被《汉字简化方案》所采用。据统计，由《方案》发展成的《简化字总表》，其一、二表中的496个简化字和简化偏旁，有188个字在《宋元以来俗字谱》中出现过。

近代和现代，人民群众又陆续创造了一批简体字，如“惩帮坟凤邮种”等字曾在太平天国使用过，“拥护”二字曾在解放区流行等。新中国成立前后，金融、商业、医疗、文艺等行业也都有各自流行的简体字。群众在生产、生活实践中创造的这批简体字，自然也成为《方案》中简化字的重要来源之一。

综合上面的介绍可以看出，《汉字简化方案》是一个有着深厚的历史基础和群众基础的方案，《方案》中的简化字，确实是历史悠久、源远流长的，它不仅是普通群众的手头创造，而且也是广大知识分子和艺术家的创造。

(四)《汉字简化方案》的推行及个别调整

《汉字简化方案》颁布后，自1956年2月起至1959年7月分四批正式推行。四批推行的简化字在数量上和《方案》本身稍有出入。1956年11月，教育部发出《关于在各级学校推行简化汉字的通知》；同月，解放军总政治部也发出同样内容的通知。由于推行过程中较好地贯彻了“稳步前进”的方针，进展情况比较顺利。分批推行的简化字，受到广大群众的热烈欢迎。有一位老师向小学生介绍简化汉字时说，“開學”二字今后可以写成“开学”，学生们高兴得鼓起掌来。有一位工人说，“儘、邊、辦”这三字学了半年总记不住，现在简化成了“尽、边、办”，一下就记住了。简化汉字减轻了人们学习和使用汉字的负担，在一定程度上缓解了学文化和汉字难的矛盾，对普及教育起了很大作用。正如周恩来总理1958年1月10日在政协全国委员会举行的报告会上所作的《当前文字改革的任务》的报告中所说：

> 方案公布后，两年来，简字已经在报纸、刊物、课本和一般书籍上普遍采用，受到广大群众的欢迎，大家称便，特别对初学文化的儿童和成人的确做了一件很大的好事。……简体字是要比繁体字好学好写，因此包括工人、农民、小学生和教师在内的广大群众热烈欢迎简字，这是很自然的事。

《汉字简化方案》在分四批推行时，根据多数人的意见作了必要的修正：①修改了《方案》中的三个简化偏旁：钅（金）改为钅，鱼（魚）改为鱼，乌（鳥）改为鸟，乌作烏的简化字；②调整了三个简化字：娄（婁嘍）改为娄（婁）不兼嘍，彻（徹澈）改为彻（徹）不兼澈，仓（倉艙）改为仓（倉）不兼艙。实践证明，这些修正是合理、可行的。

### （五）《汉字简化方案》的缺点和不足

简化字受到群众欢迎，主要是因为笔画的减省使初学汉字的人“减少了不少的精力和时间”。据新加坡学者谢世涯的统计，《汉字简化方案》共列繁体字544个，平均每字16.8画；简化后成为515个简化字，平均每字8.16画。这一笔画统计数字表明：每一个简化字的笔画只占原来繁体字笔画的50.7%，简化字差不多减少了一半的笔画，书写起来当然可以省去不少功夫（参见《新中日简体字研究》225—227页，语文出版社，1989年版）。但世间的事物往往有一利必有一弊，笔画大量减少的同时也造成形近易混字的相对增加，从而造成分辨和识记的困难。

为了使《汉字简化方案》逐步完善，中国文字改革委员会在推行过程中，特别注意听取和搜集来自各方面的意见，这些意见在一定程度上反映了《方案》本身存在的某些缺点和不足，归纳起来主要是：

（1）一部分同音代替不适当。如以复代覆、以借代藉，虽然历史上早有通用，但义项并不完全相等，有时可能会引起意义混淆。

（2）对于偏旁的简化和类推规定得不够明确合理。《方案》分列简化字表和简化偏旁表，但没有表明哪些简化字不能作简化偏旁，哪些简化字兼作简化偏旁，哪些简化偏旁本身可以独立成字，哪些简化偏旁不能独立成字。此外，简化字兼作简化偏旁的是否可以用来类推简化其他的繁体字，类推到什么范围等等，界限都很不明了。例如華简作华，嘩、樺自应同样简化；攝、鑷简作摄、镊，聶自应同样简化；億、憶简作亿、忆，臆、癔是否也应同样简化，等等。《方案》对于这些都没有作出应有的明确规定。这就在使用中引起许多不可避免的分歧，广大群众无所适从，语文教师经常被学生问得无话可答。

（3）计划性、系统性不够，并有某些自相矛盾的地方。由于对汉字简化的全盘规划考虑不周，有些笔画很多的常用字没有简化，而有些笔画并不很多的字却简化了，从而引起一些不便。有一些字在简化时，没有在可能的条件下保持与繁体字的对应关系（如徵简作征，癥简作症等；又如鳥简作鸟，島、梟等原从鳥的字没有交代；寧简作宁，原宁字没有安排等）。

（4）少数简化字所用的偏旁或笔画不适当。如陽简作阳，虽然习用已久，但是因此很多人误把楊写作杻，出现了新的混乱。再如燦简作灿，容易引起误读，而且不利于保持原字系统，等等。

（5）某些简化形体代替的偏旁过多。如“云”在动、运、坛、层、酝等字中代替了重、軍、亶、曇、曾、昷等不同的偏旁。这虽是群众长期的使用习惯，终究是一个缺点。

《汉字简化方案》作为一个新事物，出现某些缺点和不完善之处是难免的。在1964年发布、1986年重新发表的《简化字总表》里，上述缺点和不足已经得到一定程度的克服和弥补。

**二、《简化字总表》**

（一）《汉字简化方案》的修订和《简化字总表》的出台

为了解决《汉字简化方案》在推行过程中发现的某些不完善之处，在全社会树立一个使用简化字的明确、统一的规范，使大家有一个共同遵循的标准，以消除简化字使用方面的某些分歧和混乱现象，1962年9月，中国文字改革委员会成立了总结、修订《汉字简化方案》小组。小组由丁西林、叶圣陶、吕叔湘、林汉达、黎锦熙、魏建功、赵平生七位文改会委员组成，推举丁西林委员主持小组工作。

总结、修订《汉字简化方案》小组成立后，便采取座谈、通信、访问等方式，组织关于简化字问题的讨论和调查。其中，召集全国政协委员座谈简化字问题九次，有300余人参加；召集教师座谈会六次，有100多人参加。此外，用通信的方法征集各省、自治区、直辖市宣传部、教育厅局负责人以及教育界人士、语文教育专家、文字学家和书法家的意见100多份。同时，还走访了董必武、郭沫若、胡乔木、周扬同志及北京市的部分工人、农民和商业工作者，听取他们对简化字问题的意见。根据征集到的各界人士的意见，总结、修订《汉字简化方案》小组确定了如下的修订原则：①对于已经习用的简体尽量少改；②尽量减少不适当的同音代替；③对原方案中的简化偏旁作一次有系统的整理，尽量找出规律；应合并者合并，应类推者类推，应分别处理者分别处理；④尽量照顾原字形和原字系统，使一般认识繁体字的人看了容易认出和记住；⑤尽量照顾教学上的便利。

依据上述原则，总结、修订《汉字简化方案》小组经过半年多的调查研究和认真总结，于 1963 年 2 月完成了对《汉字简化方案》的修订工作，拟订了《简化汉字修订方案草案》。该草案经中国文字改革委员会全体委员会议讨论通过后，中国文字改革委员会于 1963 年 3 月 31 日给周恩来总理写了报告。周总理对报告批示说：这次简化方案修订的任务，是要在原方案的范围内进行适当调整，使简化汉字趋于完善、稳定、普及和巩固，同时大力纠正和防止乱用误用。

1964 年 1 月 7 日，中国文字改革委员会向国务院呈报《关于简化字问题的请示》。请示中说，由于目前学校教科书及若干词典急待排印，各新闻出版等有关单位都要求简化字有个明确规定，以免混乱。为此我们拟通知各有关方面，在修订草案未公布之前，使用简化字仍以 1956 年国务院公布的原方案为准，其中尚未推行的 28 个字，亦照原方案简化。但简化汉字中的类推部分，由于原方案交代不够明确，目前出版物上存在分歧混乱现象。例如，過已简化为过，但用過作偏旁的撾字，一部分出版物已简化为挝，而另一部分出版物仍用撾。又如馬作偏旁已简化为马，但馬本字有的出版物作马，有的仍用馬。关于简化汉字中类推部分存在的问题，我们确定了类推简化的原则：凡原方案所有已简化的汉字，用作偏旁时应同样简化；原方案偏旁简化表中所列偏旁，独立成字时也同样简化。因为，只有这样，才能尽量保持汉字的原有系统，便于繁简两体互相对照，因而也便于汉字的教学。

1964年2月4日，国务院就中国文字改革委员会的请示作了批复："《汉字简化方案》中所列的简化字，用作偏旁时，应同样简化；《汉字简化方案》的偏旁简化表中所列的偏旁，除了四个偏旁（讠、饣、纟、钅）外，其余偏旁独立成字时，也应同样简化。你会应将上述可以用作偏旁的简化字和可以独立成字的偏旁，分别作成字表，会同有关部门下达执行。"

根据国务院的批示，中国文字改革委员会会同文化部、教育部于1964年3月7日发出《关于简化字的联合通知》，通知规定：

（1）下列92个字已经简化，作偏旁时应该同样简化。例如，"爲"已简化作"为"，"僞嬀"同样简化作"伪妫"。

| | | | | | | | |
|---|---|---|---|---|---|---|---|
| 愛爱 | 罷罢 | 備备 | 筆笔 | 畢毕 | 邊边 | 參参 | 倉仓 |
| 嘗尝 | 蟲虫 | 從从 | 竄窜 | 達达 | 帶带 | 黨党 | 動动 |
| 斷断 | 對对 | 隊队 | 爾尔 | 豐丰 | 廣广 | 歸归 | 龜龟 |
| 國国 | 過过 | 華华 | 畫画 | 匯汇 | 夾夹 | 薦荐 | 將将 |
| 節节 | 盡尽 | 進进 | 舉举 | 殼壳 | 來来 | 樂乐 | 離离 |
| 歷历 | 麗丽 | 兩两 | 靈灵 | 劉刘 | 盧卢 | 虜虏 | 鹵卤 |
| 錄录 | 慮虑 | 買买 | 麥麦 | 黽黾 | 難难 | 聶聂 | 寧宁 |
| 豈岂 | 氣气 | 遷迁 | 親亲 | 窮穷 | 嗇啬 | 殺杀 | 審审 |
| 聖圣 | 時时 | 屬属 | 雙双 | 歲岁 | 孫孙 | 條条 | 萬万 |
| 爲为 | 烏乌 | 無无 | 獻献 | 鄉乡 | 寫写 | 尋寻 | 亞亚 |
| 嚴严 | 厭厌 | 業业 | 藝艺 | 陰阴 | 隱隐 | 猶犹 | 與与 |
| 雲云 | 鄭郑 | 執执 | 質质 | | | | |

（2）下列40个偏旁已经简化，独立成字时应该同样简化（言食糸金一般只作左旁时简化，独立成字时不简化）。例如，"魚"作偏旁已简化作"鱼"旁，独立成字时同样简化作"鱼"。

| | | | | | | | |
|---|---|---|---|---|---|---|---|
| 貝贝 | 賓宾 | 産产 | 長长 | 車车 | 齒齿 | 芻刍 | 單单 |
| 當当 | 東东 | 發发 | 風风 | 岡冈 | 會会 | 幾几 | 戔戋 |

| 監监 | 見见 | 龍龙 | 婁娄 | 侖仑 | 羅罗 | 馬马 | 賣卖 |
| --- | --- | --- | --- | --- | --- | --- | --- |
| 門门 | 鳥鸟 | 農农 | 齊齐 | 僉佥 | 喬乔 | 區区 | 師师 |
| 壽寿 | 肅肃 | 韋韦 | 堯尧 | 頁页 | 義义 | 魚鱼 | 專专 |

（3）在一般通用字范围内，根据上述一、二两项规定类推出来的简化字，将收入中国文字改革委员会编印的《简化字总表》中。

1964年5月，中国文字改革委员会又根据国务院的批示精神和三部委联合通知的规定，编辑出版了《简化字总表》，作为使用简化字的统一规范。

（二）《简化字总表》的内容

《简化字总表》确认了《汉字简化方案》推行过程中对简化字数量、形体等方面的调整，同时，针对《方案》存在的不完善之处，作出了如下规定：

（1）肯定了《汉字简化方案》中尚未推行的“坝、仆、风、迭、涂、椭、疟、砾、篱、合、胡、回、硷、纤、曲、象、须、嘱、缠、忏、属、铄、脏、灿、涩、肮、渊、愿”等28个简化字作为规范字正式推行；

（2）确认《汉字简化方案》中爱、罢、备等92个简化字，作偏旁用时同样简化；

（3）确认《汉字简化方案》中54个简化偏旁中的贝、宾、产等40个能独立成字的简化偏旁，其独立成字时应同样简化（讠、饣、纟、钅除外）；

（4）确认《汉字简化方案》推行过程中作出了修改的钅（金）、鱼（魚）、鸟（鳥）三个简化偏旁为规范的简化偏旁；

（5）肯定了《汉字简化方案》分四批推行时对仓（倉）、娄（婁）、彻（徹）三组简化字的调整，即仓不再兼（艙），娄不再兼（嘍），彻不再兼（澈）；

（6）规定迭（叠）、复（覆）、干（乾）、伙（夥）、借（藉）、么（麼）、象（像）、余（餘）、折（摺）、征（徵）等10个简化字，在意义容易混淆时仍用原繁体字，对适（適）、宁（寧）两个简化字加了注释；

(7)《简化字总表》增加了简化字乌（烏），并确认鳥、梟、裊等原从鳥的字，依简化偏旁鸟（鳥）类推简化。

根据上述规定，《简化字总表》应用《汉字简化方案》收入的54个简化偏旁和《关于简化字的联合通知》对92个可作简化偏旁用的简化字的补充规定，总共类推简化了1754个繁体字。

从《总表》对《方案》的上述调整可以看出：《简化字总表》是从《汉字简化方案》发展来的，是对《汉字简化方案》的完善和具体化；两者总的讲是一致的（只有很小的差别），不要误认为是两个完全不同的东西。

《简化字总表》包括三个字表。表内的简化字和简化偏旁后面，都在括弧里列入原来的繁体。

第一表所收的是352个不作偏旁用的简化字。这些字的繁体一般都不用作别的字的偏旁；个别能作别的字的偏旁，也不依简化字简化。如“習”简化作“习”，但“褶”不简作“衤习”；“兒”简化作“儿”，但“倪”不简化作“仉”。

第二表有两部分：①132个可作偏旁用的简化字。其所列繁体字，无论单独用或者作别的字的偏旁用，同样简化；②14个简化偏旁。这些简化偏旁，不论在一个字的任何部位，都可以使用。其中“讠、饣、纟、钅”一般只能用于左偏旁。这14个简化偏旁，一般都不能单独使用。

第三表所收的是应用第二表的简化字和简化偏旁作为偏旁类推出来的简化字，共1754个（实为1752个，因“签”和“须”在第一表中作为“籤”和“鬚”的简化字已出现，在第三表中又作为“僉”和“頁”的类推简化字重见。1986年重新发表《简化字总表》时又调整为1753个）。

《简化字总表》后面有两个附录，收入1955年12月23日文化部和中国文字改革委员会发布的《第一批异体字整理表》中39个习用的选用字（这些选用字习惯上也被看作简化字）和经国务院批准更改的地名生僻字。

学习、掌握《简化字总表》时应注意：

(1) 已经在第一表中简化了的字不要再类推简化。如“戰、過”在第一表中已简化作“战、过”，就不要根据“单、呙”的简化方法类推作“戰、過”；“誇、颱”已用同音代替的方法简化作“夸、台”，就不要根据“讠、风”的简化方法类推简化作“诗、飑”。

(2) 不能拿第一表简化字的一部分去类推简化。例如“躍”简化为“跃”，不等于“翟”可以类推简化作“夭”，所以“耀”简化作“炦”是错误的。又如：

| 第一表中的简化字 | 错误的类推 |
| --- | --- |
| 坛(壇) | 枟(檀) |
| 让(讓) | 吐(囔) |
| 阳(陽) | 相(楊) |
| 酿(釀) | 哏(嚷) |
| 恼(惱) 脑(腦) | 瑙(瑙) |
| 辽(遼) 疗(療) | 仃(僚) 汀(潦) |

(3) 简化方法不能类推。如“轟”简化作“轰”，“聶”简化作“聂”，不等于同样结构的字都照此方法简化。如果把“磊、鑫、森”简化作“叒、鍂、㚏”，就类推错了。

此外，学习《简化字总表》，还必须认真领会《总表》的“脚注”，因为脚注中的内容分别说明了简化字使用过程中的若干特殊问题，需要逐条熟悉和掌握。

(三)《简化字总表》的重新发表

《汉字简化方案》公布后，仍有许多常用字笔画繁多，难学难写，由于当时缺乏合适的简化形式，没有得到简化。但是，群众在使用中对繁难的汉字自发地进行简化始终没有停止，如将“餐、赛、迎、器”简化为“歺、宙、迊、吅”等，这些字很快便在社会上流行。1972年4月，郭沫若《怎样看待群众中新流行的简化字》的通信在《红旗》杂志第4期上发表，引起广大职工、教师和知识青年的积极回应。为了满足群众的要求，当时的中国科学院文字改革办公室（1973年4月起恢复中国文字改革委员会的名称）从1972年7月起，开始进行拟订《第二次汉字简化方案（草案）》的工作。

1977年12月20日，经国务院批准，中国文字改革委员会发表《第二次汉字简化方案（草案）》，在群众中征求意见。根据征集的意见，1986年6月24日，国务院又发出了《批转国家语言文字工作委员会〈关于废止第二次汉字简化方案（草案）和纠正社会用字混乱现象的请示〉的通知》，决定废止“二简（草案）”，重新发表《简化字总表》。国务院在通知中明确指出：“今后，对汉字的简化应持谨慎态度，使汉字形体在一个时期内保持相对稳定，以利社会应用。”

为了便于群众使用规范的简化字，逐步消除社会用字混乱的不正常现象，重新发表的《简化字总表》对原表中的个别字作了调整，并增加了脚注。具体说来，调整的内容有如下三个方面：

（1）“叠、覆、像、囉”不再作“迭、复、象、罗”的繁体字处理。因此，在第一表中删去了“迭〔叠〕”“象〔像〕”两组字，“复”字字头下删去繁体字〔覆〕，在第二表“罗”字字头下删去繁体字〔囉〕，“囉”依简化偏旁“罗”类推简化为“啰”，收入第三表。这样，第一表的简化字便由352个变为350个，第三表的简化字由1752个变为1753个，三个表的简化字总数为2235个。

（2）“瞭”字读liǎo（了解）时仍简作“了”，读liào（瞭望）时作“瞭”，不简作“了”。

（3）对第一表“余〔餘〕”的脚注内容作了补充，第三表“讠”下偏旁类推字“雠”字加了脚注。

# 下　编

## 简化字溯源

### 说　　明

一、“溯源”部分收入《简化字总表》(1986年新版)第一、二表的482个简化字和14个简化偏旁。

二、某简化字“最早见于”某处，仅限于我们所查到的资料。主要资料目录附后。

三、对简化字来源的解说分为三类：

第一类：在过去的辞书、其他出版物和实物资料中有与现在的简化字完全相同的字形。此类字指出最早出处。

第二类：在过去的各种资料中，只有与今天的简化字接近的字形。此类字指出相近字形的最早出处。

第三类：曾在群众中广泛而长期使用，但查不到具体资料的字形。此类字说明其为群众的创造，或指出在某个范围流行。

同音代替字分别归入一、二、三类，凡是简繁两字有通用先例者均归入第一类。

以上各类分别按汉语拼音字母顺序排列。简化偏旁也按上述标准分为三类，分别按笔画顺序排列，放在各类之后。

四、1932年由中华民国政府教育部发布的《国音常用字汇》，1935年由200位知名人士和15个社团联合发起制订的《手头字第一期字汇》，1935 年由中华民国政府教育部公布的《简体字表（第一批）》，在行文中略去制订者。

# 第一类

（简化字 325　简化偏旁 10）

**爱**　“愛”的简化字。“爱”来源于草书。楷化后的“爱”最早出现在元抄本《京本通俗小说》上。

**碍**　“礙”的简化字。“碍”最早出现在唐诗中，明代字书《正字通》将“碍”字正式收入，1935年《简体字表》也收入“碍”字。

**袄**　“襖”的简化字。1935年《手头字第一期字汇》收入了“袄”字。

**坝**　“壩”的简化字。“坝”和“壩”原为两个不同的字，“坝”（简化前作“垻”）是四川方言，本义为“平川”，“壩”的本义是截河拦水的建筑。明清以后，两字有时互相通用。1932年《国音常用字汇》将“垻”作为“壩”的简化字收入，《简化字总表》将“垻”类推简化为“坝”。

**罢**　“罷”的简化字。“罢”起源于行书。清朝刊行的《金瓶梅》《岭南逸事》中都有楷化的“罢”字，1935年《简体字表》将“罢”字收入。

**办**　“辦”的简化字。汉代羊窦道碑中有“办”字（图182，239页），是“辦”的简化字。辦事的“辦”是由“辨”字分化出来的，辦最初作“辨”，中间的“刀”变为“力”，即“辦”字。“辦”的简化字“办”最早出现在元抄本《京本通俗小说》和元刊《古今杂剧三十种》上面。1932年《国音常用字汇》和1935年《简体字表》都收入了“办”字。

**帮**　“幫”的简化字。“帮”最早出现在太平天国印书中。1932年《国音常用字汇》和1935年《简体字表》都收入了“帮”字。

**宝** “寶”的简化字。古代“玉”写作“王”，因此“宝”原作“宔”。“宔”最早出现在汉代的中山王印上，“宝”最早出现在唐代敦煌变文写本中。1932 年《国音常用字汇》和 1935 年《简体字表》都收入了“宝”字。（图 1，111 页）

**报** “報”的简化字。“报”来源于汉代的草书，居延汉简中“報”写作扺。楷化的与今天简化字“报”完全相同的字形，见 1935 年《手头字第一期字汇》。（图 2，111 页）

**贝** “貝”的简化字。“贝”来源于草书，最早见于西汉史游书写的《急就章》和居延汉简。印刷物中作偏旁的“贝”见宋刊本《大唐三藏取经诗话》，单字“贝”见清刊本《目连记弹词》。（图 3，112 页）

**笔** “筆”的简化字。“笔”最早见于北齐的隽敬碑和房周陀墓志。北宋韵书《集韵》将“笔”字正式收入。1932 年《国音常用字汇》也收入了“笔”字。（图 4，112 页）

**边** “邊”的简化字。“边”最早出现在元抄本《京本通俗小说》和元刊本《古今杂剧三十种》等书中。1932 年《国音常用字汇》和 1935 年《简体字表》收入了“边”字。

**表** “錶”的简化字。历史上作计时器使用的表一直使用“表”字。“錶”是“表”的分化字，产生时间很晚，1947 年出版的《辞海》上仍把“錶”当作“表”的俗字。《简化字总表》以“表”代“錶”只是去掉了一个俗字。

**别** “彆”的简化字。“别”和“彆”原为两个不同的字，“别”读 bié，是别人的“别”，“彆”读 biè，是拗（niù），不顺的意思。明清小说如《水浒全传》《孽海花》中都出现了把“彆”写作“别”的例子。

**宾** “賓”的简化字。“宾”字最早出现在清朝刊行的《岭南逸史》上。1932 年《国音常用字汇》和 1935 年《简体字表》都收入了“宾”字。

**才** "纔"的简化字。在"刚刚"的意义上，"才"是本字。根据东汉的《说文解字》，"才"的本义是草木初生，后来引申为"刚刚"。"纔"的本义是黑里带红的颜色，后借用来表示"刚才"的意思。古书中在"刚才"的意义上，才、纔两字通用。"纔"简化为"才"，是恢复了本字。1935 年《简体字表》收入"才"，作为"纔"的简化字。

**参** "參"的简化字。"参"来源于草书和行书。楷化后的"参"字偏旁最早出现在明刊本《娇红记》上，单字"参"最早见于 1932 年《国音常用字汇》。

**蚕** "蠶"的简化字。"蚕"字最早出现在唐代的敦煌变文写本中。五代至宋初的郭忠恕所著《佩觿（xī）》和北宋韵书《广韵》收入了"蚕"字。1932 年《国音常用字汇》和 1935 年《常用字表》也都将"蚕"字收入。（图 5，113 页）

**搀** "攙"的简化字。"搀"最早出现在元抄本《京本通俗小说》上。

**馋** "饞"的简化字。"饞"最早出现在元刊本《朝野新声太平乐府》上，《简化字总表》又将"饞"类推简化作"馋"。

**长** "長"的简化字。"长"来源于草书，最早见于汉代史游书写的《急就章》和居延汉简、敦煌汉简。（图 6，114 页）

**尝** "嘗"的简化字。"尝"来源于草书，与今简化字完全相同的写法，最早见于元代虞集的书法作品和元抄本《京本通俗小说》。1935 年《简体字表》收入了"尝"字。（图 7，115 页）

**尘** "塵"的简化字。"尘"最早见于唐代的敦煌变文写本中。最早出现"尘"字的印刷物是宋代韵书《集韵》。

**称** "稱"的简化字。"称"来源于汉代草书，楷化的"称"最早见于宋刊本《古列女传》。1932 年《国音常用字汇》和 1935 年《简体字表》都收入了"称"字。

**惩** “懲”的简化字。“惩”最早见于太平天国文书。1932年《国音常用字汇》收入了“惩”字。

**冲** “衝”的简化字。“冲”和“衝”原为两个不同的字。“冲”原作“沖”，本义为水涌动，引申为水流撞击，后省作“冲”。“衝”本义指交通要道，又指冲击敌城用的战车，由此引申出冲击、碰撞的意义。“水流撞击”与“冲击”意义比较接近，所以从先秦开始两字就有通用的例子。如《韩非子·喻老》：“……虽无飞，飞必冲天。”有人认为这个“冲”本应写作“衝”，即“冲”是“衝”的同音代替字。又如明代小说中，“衝撞”又作“冲撞”，也是以“冲”代“衝”。

**虫** “蟲”的简化字。东汉的《说文解字》把虫、“蟲”分为两个字，认为“虫”读huǐ，即“虺”字，“蟲”读chóng。其实，甲骨文、金文都只有“虫”的字形，而没有“蟲”的字形。地下出土的汉代文物，如西汉前期的马王堆汉墓帛书、银雀山汉墓竹简以及东汉的许多碑刻上面，昆虫的“虫”都写作“虫”而不写作“蟲”。（图8，115页）

**丑** “醜”的简化字。“丑”和“醜”原为两个不同的字，“丑”指地支的第二位，“醜”是美醜的“醜”。“丑”与“醜”相通是从传统戏曲中的“丑”角开始的。“丑”是传统戏曲中的滑稽角色，脸上涂抹得很醜，所以最初写作““醜角”，但“醜”字难写，所以从明代就省写作“丑”了。后来美醜的“醜”也都省写为“丑”。

**出** “齣”的简化字。在表示“一段独立的剧目或节目”这一意义时，最初使用“出”字，目前见到的最早的用例是成书于北宋真宗年间的《景德传灯录》。“齣”是个后起字，始见于清初的《字汇补》一书。“齣”字产生后，“一出戏”的“出”仍在普遍使用。《简化字总表》以“出”代“齣”，实际上是去掉了一个形体复杂而多余的字。

**刍** “芻”的简化字。单字“芻”不经常使用，所以它的简体不易见到，但用它作偏旁的字很多，其中一些很早就简化了。

简化偏旁“刍”来源于草书，楷化后的“刍”最早见于元抄本《京本通俗小说》（皱）和元刊本《朝野新声太平乐府》（雏、趋）。清代字书《字汇补》收入“绉”字，1935 年《手头字第一期字汇》收入了“趋”和“邹”。（图 9，116 页）

**处** “處”的简化字。“处”最早见于明代官府文书档案《兵科抄出》。1935 年《手头字第一期字汇》收入了“处”字。

**触** “觸”的简化字。“触”最早见于清朝刊行的《金瓶梅》和《岭南逸史》。

**辞** “辭”的简化字。在魏晋碑刻中，有与辞形体接近的“辞”字。“辞”最早见于宋代刊行的《古列女传》《大唐三藏取经诗话》等书。1935 年《简体字表》收入了“辞”字。（图 10，116 页）

**聪** “聰”的简化字。“聪”来源于隶书的简略写法及草书，楷化的“聪”字最早出现在清代刊行的《岭南逸史》上。1935 年《手头字第一期字汇》收入了“聪”字。（图 11，116 页）

**从** “從”的简化字。“从”最早见于商代的甲骨文，像一个人跟在另一个人身后。“從”是后来才产生的字。1932 年《国音常用字汇》和 1935 年《简体字表》都收入了“从”字。（图 12，117 页）

**达** “達”的简化字。“达”最早见于商代的甲骨文，变为楷书就是“达”字。东汉《说文解字》明确指出“达”是“達”的“或体”（即异体）。（图 13，117 页）

**担** “擔”的简化字。“担”和“擔”原为两个不同的字，“擔”读 dān，又读 dàn，用于擔负和擔子；“担”本读 dǎn，即后来的“掸”字。由于读 dǎn 的“担”后来不用，就被借用来代替“擔”字了。最早这样用的是元刊本《朝野新声太平乐府》，清朝翟灏所著《通俗编·杂字》收入了这种用法，1932 年《国音常用字汇》也把“担”作为“擔”的简化字。

**单** “單”的简化字。“单”最早出现在汉代的居延简中，最早出现“单”字的印刷物是元抄本《京本通俗小说》。（图 14，117 页）

**胆** “膽”的简化字。“胆”和“膽”原为两个不同的字，“膽”读 dǎn，是人体器官，“胆”读 tán，又读 tǎn、dá，很少使用，所以被借用来代替“膽”字。最早这样用的是元抄本《京本通俗小说》，明代字书《正字通》正式收入了这种用法，1932 年《国音常用字汇》和 1935 年《简体字表》都把“胆”作为“膽”的简化字。

**当** “當”“噹”的简化字。“当”作为“當”的简化字来源于汉代草书，楷化的“当”字最早见于元抄本《京本通俗小说》。“噹”字用于象声词，最初就写作“當”，后来在象声词中也是當、噹 二字并用。《简化字总表》将“噹”与“當”合并，共同简化为“当”。（图 15，118 页）

**党** “黨”的简化字。“党”和“黨”原为两个不同的字，“黨”用于朋黨、黨派，而“党”是姓，又用于“党项”（古族名）。最早用“党”代替“黨”的例子见元刊本《朝野新声太平乐府》。1935 年《简体字表》以“党”作为“黨”的简化字。

**灯** “燈”的简化字。“灯”和“燈”原为两个不同的字，“燈”是照明用具，“灯”本读 dīng，指火，又指火烈。因“灯”（dīng）字很少使用，所以被借用来代替“燈”字。最早这样用的是元抄本《京本通俗小说》，明代字书《字汇》《正字通》都收入了“燈”的俗字“灯”。1932 年《国音常用字汇》和 1935 年《常用字表》都以“灯”作为“燈”的简化字。（图 16，119 页）

**籴** “糴”的简化字。“籴”最早见于唐代的《干禄字书》。1935 年《简体字表》收入了“籴”字。（图 17，120 页）

**递** “遞”的简化字。“递”最早见于南朝顾野王所著《玉篇》一书中。1932 年《国音常用字汇》收入“递”字。（图 18，120 页）

**点** “點”的简化字。“点”最早见于明刊本《薛仁贵跨海东征白袍记》。1932年《国音常用字汇》和1935年《简体字表》收入“点”字。

**淀** “澱”的简化字。“淀”与“澱”原为两个不同的字，“澱”指沉积的淤泥，“淀”是浅水湖。有人认为两字意义上有联系，因为湖中淤泥多了则湖水变浅。古代已有两字通用的例子。成书于南朝·梁的《文选·郭璞〈江赋〉》中有这样的句子：“栫澱为涔。”其中的“澱”就是“淀”。清代朱骏声在《说文通训定声》中则说：“（澱）字亦作淀。”

**东** “東”的简化字。“东”来源于汉代草书。西汉史游的《急就章》中有“东陈”二字，其字形已与今简化字完全相同。1935年《简体字表》收入“东”字。（图19，121页）

**冬** “鼕”的简化字。古代在形容敲鼓或敲门等声音时，借用“冬”字，后来分化出“咚”“鼕”二字，专表声音。古代冬鼕二字就是通用的。如唐代韩愈《石鼎联句诗序》：“斯须，曙鼓动鼕鼕。”用“鼕”，而白居易《初与元九别后忽梦见之》：“觉来未及说，叩门声冬冬。”用“冬”。《简化字总表》以“冬”代“鼕”，只是省去了一个分化字而已。

**独** “獨”的简化字。“独”最早见于宋代刊行的《古列女传》。1932年《国音常用字汇》和1935年《简体字表》都收入了“独”字。

**断** “斷”的简化字。“断”最早见于晋代的《晋祀后土》残碑中，南朝字书《玉篇》收入了“断”字。1932年《国音常用字汇》和1935年《简体字表》都将“断”字收入。（图20，122页）

**对** “對”的简化字。“对”最早见于元抄本《京本通俗小说》。1932年《国音常用字汇》和1935年《简体字表》都收入了“对”字。

**夺** “奪”的简化字。“夺”最早见于明代的官府文书档案《兵科抄出》。清代刊行的《岭南逸史》中也使用了“夺”字。

**堕** “墮”的简化字。“堕”最早出现在东汉灵帝光和二年的《陈球后碑》上。1932年《国音常用字汇》收入了“堕”字。（图21，122页）

**尔** “爾”的简化字。古文字的“尔”最早出现在战国时期的中山王鼎上。隶定的“尔”出现在东晋王羲之的作品中（“玝”字偏旁）。（图22，123页）

**范** “範”的简化字。“范”和“範”原为两个不同的字，“範”是铸造器物的模型，“范”是一种草。由于两字同音，在先秦古籍中就有通用的例子。如《荀子·强国》说：“刑范正，金锡美。”这里的“范”就是“範”。汉碑中有时也将“範”写作“范”，如刘衡碑：“师训之范”。（图23，124页）

**坟** “墳”的简化字。“坟”最早见于太平天国文书。1935年《简体字表》收入了“坟”字。

**奋** “奮”的简化字。“奋”最早见于清朝刊行的《岭南逸史》。

**粪** “糞”的简化字。“粪”最早见于汉代的敦煌简。（图24，125页）

**丰** “豐”的简化字。“丰”和“豐”原为两个不同的字，“豐”是丰（豐）盛、丰（豐）满的意思，“丰”指草木茂盛，引申为人的丰采、丰姿。周代《诗经》中《郑风·丰》这一篇写道：“子之丰兮，俟我乎巷兮！”这里的“丰”有“丰（豐）满”的意思，与“豐”的意义接近。明代《清平山堂话本》中有以“丰”代“豐”的例子。1935年《简体字表》将“丰”作为“豐”的简化字收入。

**凤** “鳳”的简化字。“凤”最早见于清初刊行的《目连记弹词》。1932年《国音常用字汇》和1935年《简体字表》都收入了“凤”字。

**肤** “膚”的简化字。“肤”最早见于南朝顾野王所著字书《玉篇》。（图 25，125 页）

**妇** “婦”的简化字。“妇”来源于汉代草书，楷化后的“妇”字最早见于清初刊行的《目连记弹词》。1935 年《手头字第一期字汇》收入了“妇”字。

**复** “復”“複”的简化字。在东汉字书《说文解字》中同时收有“复”“復”“複”三字，实际上，“复”和“復”是同一个字，都是往来的意思，只是后来用了“復”，“复”字就不用了，现在以“复”代“復”，是恢复了最初的用法。1935 年《手头字第一期字汇》以“复”作为“復”的简化字。

“複”的本义是夹衣，又有重疊和重复的意思，这些意义实际上是从“复（復）”的意义引申出来的，“複”是“复（復）”的分化字。“複”和“復”在先秦时期就是通用的。如《论语·述而》中说：“举一隅不以三隅反，则不復也。”意思是：（教一个学生），如果他不能做到举一反三，那么就不必再教他了。这里的“復”和“複”相通，是“重复”的意思。

**盖** “蓋”的简化字。“盖”来源于隶书。成熟的“盖”字最早出现在东汉汉安二年（公元 143 年）的碑刻北海相景君铭上。汉魏碑刻中，“盖”比“蓋”使用得更普遍。1932 年《国音常用字汇》和 1935 年《简体字表》收入了“盖”字。（图 26，126 页；图 27，127 页）

**干** “乾”“幹”的简化字。干、乾、幹原为三个不同的字，“干”读 gān。指盾牌，如干戈；又用于“天干”。“乾”读 gān，是乾湿的“乾”。“幹”读 gàn，是主幹、幹活的“幹”。但在古代“干”与“乾”“幹”有时也通用。

东汉刘熙的《释名·释饮食》中说：“干饭，饭而暴乾之也。”干饭即乾饭。

汉碑中有“干”与“幹”通用的例子。如东汉汉安二年的景北海碑阴和中平三年（公元 186 年）的郑季宣碑就以“干”代

“榦”。此外“天干”本来应作“天榦”（取“主榦”的意思），后来省作“天干”。（图 28，128 页）

**赶** “趕”的简化字。“赶”最早见于元抄本《京本通俗小说》。1932 年《国音常用字汇》和 1935 年《简体字表》收入了“赶”字。

**冈** “岡”的简化字。在甲骨文中，“岡”就有接近“冈”的简略写法（“刚”字偏旁）。楷书的“冈”作为简化偏旁最早出现在元刊本《朝野新声太平乐府》上（“刚”字偏旁）。1935 年《手头字第一期字汇》收入了简化字“刚”，其偏旁“岡”简作“冈”。（图 29，129 页）

**个** “個”的简化字。作量词用的“个”在先秦古籍如《左传》《礼记》《仪礼》等书中都出现过。如《左传·昭公三年》：“又弱（死）一个焉。”后来出现“箇”字，而“個”产生更晚。武威汉简中有接近“个”字形的字。虽然后世“個”“箇”使用较多，但在宋至清朝的通俗小说中，仍普遍使用“个”字。1932 年《国音常用字汇》和 1935 年《简体字表》都收入了“个”字。（图 30，129 页）

**巩** “鞏”的简化字。早在西周金文中，就有“巩”字出现，意义与“鞏”相近。“鞏”是后起的分化字。“鞏”简作“巩”是恢复了最初的用法。（图 31，129 页）

**构** “構”的简化字。“构”最早见于明代的字书《正字通》。

**谷** “穀”的简化字。“谷”和“穀”是两个不同的字，“谷”是山谷的“谷”，“穀”是五穀的“穀”。但在先秦古籍中就有以“谷”代“穀”的例子。如《诗经·邶风》有《谷风》一篇，此处“谷”即“穀”，是生长的意思。1935 年《手头字第一期字汇》将“谷”作为“穀”的简化字收入。

**顾** “顧”的简化字。在晋代以后的书法作品和碑刻中，“顧”多写作“頋”，唐代敦煌变文写本中有顾字，左侧与今简化字极为接近。印刷物中的“顾”最早见于清朝龙启瑞的《字学举隅》。1932 年《国音常用字汇》和 1935 年《手头字第一期字汇》中也收入了“顾”字。《简化字总表》又将“顧”类推简化为“顾”。(图 32，130 页)

**刮** “颳”的简化字。“刮”的产生在“颳”之前，“颳”是“刮”的分化字。“颳”指“劲风吹动”，此义是从“刮”引申出来的，本来就写作“刮”。如唐代岑参的《冬夕》诗说：“浩瀚霜风刮天地。”此处“刮”即后来的“颳”。《简化字总表》规定以“刮”代“颳”，是恢复了最初的用法。

**观** “觀”的简化字。“观”最早出现在明刊本《薛仁贵跨海东征白袍记》中。此外，元抄本《京本通俗小说》上有接近“观”的字形“观”。1932 年《国音常用字汇》和 1935 年《简体字表》都收入了“观”字。《简化字总表》将“观”类推简化为“观”。

**广** “廣”的简化字。“广”最早出现在 1935 年《简体字表》中。

**归** “歸”的简化字。“归”来源于草书。和简化字“归”形体完全相同的字最早出现在 1932 年《国音常用字汇》上。此外，在元抄本《京本通俗小说》上“歸”写作“归”，左边的短竖为一“点”。

**龟** “龜”的简化字。先秦时期的古陶文中有“阄”字，“門”内的字形隶定后就应写作“龟”。楷书的“龟”最早见 1923 年钱玄同的《汉字革命》一文。(图 33，131 页)

**柜** “櫃”的简化字。“柜”本读 jǔ，是树名。因一些方言中櫃、柜读音相同，所以将“櫃”也写作“柜”。这种用法最早见于清刊本《金瓶梅奇书》。1932 年《国音常用字汇》和 1935 年《简体字表》都以“柜”作为“櫃”的简化字。

**国** “國”的简化字。居延和敦煌汉简中，就有接近“国”的草书字形。“国”最早见于南北朝时期东魏的李祔造像。唐代

的敦煌变文写本中也有“国”字。(图 34，131 页)

**过** “過”的简化字。“过”来源于汉代草书，楷化的“过”字最早见于元抄本《京本通俗小说》。1932 年《国音常用字汇》和 1935 年《简体字表》都收入了“过”字。

**汉** “漢”的简化字。“汉”来源于汉代草书，在东汉《章帝千字文断简》中就有“汉”字，与今天的简化字完全相同。1935 年《手头字第一期字汇》中收入了“汉”字。(图 35，132 页)

**号** “號”的简化字。“号”是“號”最初的写法，两字意义相同。古籍中用“號”较多，但在碑刻及宋代以来的通俗小说刻本中，“号”字使用也很普遍，最早的用例是东汉《武梁祠画像题字》。1932 年《国音常用字汇》和 1935 年《简体字表》都以“号”作为“號”的简化字。

**合** “閤”的简化字。“閤”字有两个读音，一读 gé，是“閣(阁)”的异体字，已被淘汰；又读 hé，是从“合”分化出来的一个字，用于“閤府”“閤家”。“閤 (hé)”字产生很晚，始见于 1915 年出版的《中华大字典》。由于“閤府”“閤家”等词语本来就用“合”字，所以以“合”代“閤”只是省去了一个多余的分化字。

**轰** “轟”的简化字。“叒”来源于草书，楷化的“叒”最早见于清朝褚人获所著《坚瓠集》和通俗小说《目连记弹词》。《简化字总表》将“叒”类推简化为“轰”。(图 36，132 页)

**后** “後”的简化字。“后”与“後”原为两个不同的字，“后”是君主的意思，如“皇天后土”，又用于“皇后”；“後”是前後的“後”。但在先秦古籍中“後”常假借“后”字。如《礼记·大学》：“知止而后有定。”此处“后”即“後”。从西汉前期墓葬出土的文字资料中，可看出战国末至西汉前期以“后”代“後”的用法非常普遍。如马王堆汉墓的帛书、竹简，银雀山汉墓竹简上都有许多这样的用例。1935 年《手头字第一期字汇》以“后”作为“後”的简化字。(图 37，133 页)

**胡** “鬍”的简化字。“胡”本义指兽下巴上下垂的肉，下巴上长的须就称“胡须”，后来又称“胡子”。《汉书·郊祀志》中有“龙垂胡髯”，其中的“胡”即“胡须”的意思。“鬍”是“胡”的分化字，产生很晚。简化字以“胡”代“鬍”，可以说是恢复了古代的用法。

**沪** “滬”的简化字。“沪”最早见于1932年《国音常用字汇》和1935年《简体字表》。

**画** “畫”的简化字。“画”最早见于元代字书《六书故》。1932年《国音常用字汇》和1935年《简体字表》都收入了“画”字。

**怀** “懷”的简化字。“怀”最早见于明代的官府文书档案《兵科抄出》。1935年《简体字表》收入“怀”字。

**坏** “壞”的简化字。“坏”最早见于清初刊行的《目连记弹词》。

**欢** “歡”的简化字。“欢”最早见于清初刊行的《目连记弹词》。1932年《国音常用字汇》和1935年《简体字表》都收入了“欢”字。

**环** “環”的简化字。“环”最早见于清初刊行的《目连记弹词》。1935年《简体字表》收入了“环”字。

**还** “還”的简化字。“还”最早见于唐代的敦煌变文写本。1932年《国音常用字汇》和1935年《简体字表》收入了“还”字。（图38，134页）

**回** “迴”的简化字。“迴”是“回”的分化字。“回”的本义为运转，回绕，因为它后来有了“归来”等引申义，所以又造了“迴”来表示它的本义。先秦古籍中在运转的意义上多用“回”，如《诗·大雅·云汉》：“倬彼云汉，昭回于天。”《荀子·致士》：“水深而回。”其中的“回”是运转、旋转的意思，相当于后来的“迴”字。

**汇**[①] “匯”“彙”的简化字。“匯”和“彙”原为两个不同的字。“匯”指众水会合，又指把款项从甲地划付到乙地，如“匯款。“彙”指类聚，如字彙、词彙，又指综合、合并，如彙报。由于两字都有“合”的意义，所以“彙”有时也写作“匯”，如清朝魏源《国朝古文类抄叙》中说：“在当日夫子自视，则亦一代诗文之匯选。”此处的“匯”即“彙”字。

“匯”是银行常用的字，所以首先从银行用字中出现了简化字“汇”。《简化字总表》将“匯”“彙”共同简化为“汇”。

**会** “會”的简化字。“会”来源于草书，见于居延汉简，字形与“会”接近。楷化的“会”最早出现在元抄本《京本通俗小说》中。1932年《国音常用字汇》和1935年《手头字第一期字汇》都收入了“会”字。（图39，134页）

**伙** “夥”的简化字。“伙”和“夥”本义不同。“夥”本义为“多”，“伙”是“火伴”的“火”的分化字，因为古代军队里以十人为单位，共灶起火，所以共同起火的这十个人称作“火伴”，后在“火”上加“人”旁写作“伙”。“夥”和“伙”的引申义相同，所以清朝以来，两字经常混用。如在“由同伴组成的集体”这一意义上，元朝康进之的《李逵负荆》中“三十六大夥”、“七十二小夥”，用“夥”；而清末小说《二十年目睹之怪现状》：“……于是同众伙友相见。”“……以为我也是他们一伙的。”用“伙”。

**获**[②] “獲”“穫”的简化字。“獲”与“穫”原为两个不同的字，“獲”指猎獲、獲得，“穫”指收穫庄稼，也用于一般的收穫。但在先秦古籍中，也有假借“獲”来表示“穫”的。如《荀子·富国》：“……一岁而再獲之。”即一年收获两次，此处“獲”是“穫”的假借字。因此，《简化字总表》将两字合并是有根据的。

在清刊本《目连记弹词》中，“獲”简作“获”，与“获”接近。《简化字总表》则采用了群众创造的另一种写法“获”。

**几** “幾”的简化字。“几”和“幾”原为两个不同的字，“几”是放东西的小桌子；“幾”读jī时是“差不多，接近于”的意思，读jǐ时表示数量。“几”假借为“幾”的用法最早见于宋代王森的《王公仪碑铭》：“有妇人死而不明，几欲掩瘗。”其中的“几”是“幾”的假借字。1935年《手头字第一期字汇》将“几”作为“幾”的简化字收入。

**鸡** “雞”的简化字。清朝刊行的《金瓶梅奇书》中“雞”简作“鳮”，1932年《国音常用字汇》和1935年《简体字表》中，“雞”都简作“鳮”。《简化字总表》根据“鳥”的简化方法，将“鳮”类推简化为“鸡”。

**际** “際”的简化字。“际”最早见于1935年《手头字第一期字汇》。

**继** “繼”的简化字。东汉光和二年（公元179年）的《陈球后碑》上有“継”字，右部与今天的简化字完全相同。南北朝碑刻多用継字。元抄本《京本通俗小说》上“繼”写作“继”，“糹”的简化也和今天基本相同。1932年《国音常用字汇》和1935年《简体字表》都收入了“継”字。《简化字总表》根据简化偏旁“纟”的写法，将“継”类推简化为“继”。（图40，135页）

**夹** “夾”的简化字。“夹”来源于草书。西汉史游《急就章》中的“夹”字已与今简化字完全相同。汉碑中的“夾”和“夾”字偏旁普遍写作“夹”。1935年《手头字第一期字汇》收入了“夹”和“侠”。（图41，136页）

**家** “傢”的简化字。“傢”是一个产生很晚的字，出现在《儒林外史》《红楼梦》等清代小说中，直到1947年出版的《辞海》才收入“傢”字，仅用于“傢伙”。《简化字总表》将“傢”并入“家”，只是去掉了一个多余的分化字。

**价** “價”的简化字。“价”和“價”原为两个不同的字，“价”读jiè，是“善”的意思，又指供役使的人。因为“价”字不常用，又与“價”音近，所以有人借用“价”作为“價”的简化字。1932年《国音常用字汇》和1935年《简体字表》都以“价”作为“價”的简化字。

**戋** “戔”的简化字。“戋”最早出现在元抄本《京本通俗小说》和元刊本《古今杂剧三十种》中。

**艰** “艱”的简化字。“艰”是最早见于明刊本《薛仁贵跨海东征白袍记》，明代官府文书档案《兵科抄出》中也使用了“艰”字。1935年《简体字表》收入了“艰”字。

**监** “監”的简化字。“监”来源于草书，楷化的“监”字最早见于元抄本《京本通俗小说》和元刊本《全相三国志平话》。（图42，137页）

**拣** “揀”的简化字。“拣”来源于草书，东晋王羲之作品中“柬”写作“东”，与“拣”右部相同。元初赵孟頫作品中的“揀”写作“拣”，与今简化字完全相同。（图43，137页）

**茧** “繭”的简化字。“茧”最早见于1949年《增订注解国音常用字汇》。（图44，138页）

**硷** “鹼”的简化字。“碱”本为“险（險）”的异体字，见明代《字汇》。后来“碱”借作“鹼”的简化字，这一用法最早见于1915年出版的《中华大字典》。《简化字总表》又将“碱”类推简化为“硷”。

**见** “見”的简化字。“见”来源于草书。汉代居延简中“见”字的字形与今天的简化字已很接近。印刷物上与今“见”字完全相同的字形最早出现在清初刊行的《目连记弹词》上。（图45，139页）

**荐** “薦”的简化字。“荐”和“薦”原为两个不同的字，“荐”是草席，“薦”是一种兽类吃的草。由于两字读音相同，所以在先秦古籍中就有通用的例子。如《左传·襄公四年》：“戎狄荐居。”意思是戎人、狄人选择有水草的地方居住。这里“荐”是“草”的意思，同“薦”。此外，近代“薦举”“薦引”

等词中的“薦”也常写作“荐”。1935年《简体字表》以“荐”作为“薦”的简化字。

**将** “將”的简化字。“将”来源于草书。居延汉简、敦煌汉简中“将”字的字形和今天的简化字完全相同。魏晋南北朝时期的碑刻中，“將”多数都写作“将”。（图46，140页）

**节** “節”的简化字。在汉代的居延简中，“節”字的写法就与今天的简化字很接近。印刷物中的“节”最早见于元抄本《京本通俗小说》。（图47，141页）

**借** “藉”的简化字。“藉”和“借”原为两个不同的字，“借”指把不属于自己的东西暂时拿来使用，“藉”指凭，依靠。由于“借”与“藉”读音相同，而且借用和凭藉意义也接近，所以在古籍中有时也通用。如《诗·大雅·抑》中的“借曰未知”，《左传·成公三年》的“背城借一”，其中的“借”都是“凭藉”的意思。又如“借问”一词出于《宋书·王微传》，“借”本应作“藉”，但《宋书》原文就用了“借”字。

**尽** “盡”“儘”的简化字。“尽”来源于草书。唐代敦煌的佛经写本中“盡”写作“尽”，后收入宋代孙奕的《履斋示儿篇》中。1932年《国音常用字汇》和1935年《简体字表》都以“尽”作为“盡”的简化字。

“儘”用于尽量，本也写作“盡”，大约在宋代分化出了“儘”字。1935年《简体字表》将“儘”简作“侭”，《简化字总表》将“盡”与“儘”合并，都简化为“尽”③。

**惊** “驚”的简化字。“惊”是近代群众创造的新形声字，最早见于1935年《手头字第一期字汇》。

**竞** “競”的简化字。“竞”最早见于唐代的敦煌变文写本。（图48，141页）

**旧** “舊”的简化字。“舊”本借“臼”作为简化字，后由“臼”产生了一个变形字“旧”，“旧”便成了“舊”的简化字。这一用法最早见于元抄本《京本通俗小说》。

**举** “舉”的简化字。“举”来源于草书，汉代的敦煌简中，“舉”字的写法与今天的简化字已很接近。印刷物中的“举”最早见于清初刊行的《目连记弹词》。(图 49，142 页)

**据** “據”的简化字。据”和“據”原为两个不同的字。“据”读 jū，用于“拮据”一词（本指操作劳苦，后指经济窘迫）；據读 jù，是凭、依的意思。因两字读音接近，所以古籍中有时通用。如《汉书·酷吏传赞》中的“赵禹据法守正”，其中的“据”就是“據”。1932 年《国音常用字汇》以“据”作为“據”的简化字。

**惧** “懼”的简化字。“惧”最早见于清朝龙启瑞的《字学举隅》。1932 年《国音常用字汇》和 1935 年《简体字表》都收入了“惧”字。(图 50，142 页)

**卷** “捲”的简化字。“捲”是“卷”的分化字，产生很晚。“卷”本义指膝盖弯曲，引申为弯卷、卷起来，这一意义后来写作“捲”，但在古代都写作“卷”。如《诗·邶风·柏舟》中的“我心匪席，不可卷也”，其中的“卷”即后来的“捲”。《简化字总表》以“卷”代“捲”，是省去了一个多余的分化字。

**壳** “殼”的简化字。清代字书《字汇补》有“壳”，与“壳”形近。“壳”最早见于 1932 年《国音常用字汇》和 1935 年《简化字表》。

**克** “剋”的简化字。“克”与“剋”的主要意义相同，在古籍中通用。如《左传·庄公十一年》：“彼竭我盈，故克之。”《史记·龟策列传》：“夫汤伐桀，武王剋纣，其时使然。”其中“克”与“剋”的意义没有区别。“剋”比“克”晚起，现在并入“克”字，是合理的。

**恳** “懇”的简化字。“恳”最早见于明代官府文书档案《兵科抄出》。1935 年《简体字表》收入“恳”字。

**夸** “誇”的简化字。“夸”的本义是奢侈，过度，引申为自高自大，又引申出夸大、炫耀和赞赏、赞美两个意义，这两个意义后来写作“誇”。在“誇”字产生之前，上述意义都使用“夸”字。如《韩非子·解老》：“不以夸贱欺贫。”这里“夸”是炫耀的意思。在“誇”字产生之后，两字仍通用，如唐代皮日休《惜义乌》诗：“吾闻凤之贵，仁义亦足夸。”这里“夸”通“誇”，是赞美的意思。

**块** “塊”的简化字。“块”最早见于1935年《手头字第一期字汇》。

**困** “睏”的简化字。“睏”最初是个方言字，指睡觉，近代才产生。后来“睏”又用于疲倦想睡，这个意义直至40年代都一直使用“困”字，因为1949年出版的《增订注解国音常用字汇》在“睏”字条下还未收此义，而只收了“睡”这一方言义。可见以“困”代“睏”只是废除了一个方言字，或者说是省去了一个流行极为短暂的一般用字。

**腊** “臘”的简化字。“腊”和“臘”原为两个不同的字，“腊”读xī，指干肉；“臘”读là，本为祭祀的名称，指在冬至后第三个戌月合祭诸神。因“腊(xī)”后代不大使用，人们就借用此形表示“臘”字。这种用法最早见于1932年《国音常用字汇》。

**来** “來”的简化字。“来”从汉代开始就已大量使用了。在汉代居延简、敦煌简，汉魏碑刻，王羲之等书法家的墨迹，以及宋元以来的通俗文学刻本中，“来”字都广泛地使用着。1935年《手头字第一期字汇》收入了“来”字。（图51，143页）

**乐** “樂”的简化字。“乐”来源于汉代草书，最早见于西汉史游的《急就章》，居延汉简中也有“乐”字。印刷物中的“乐”最早见于清朝刊行的《岭南逸史》。（图52，144页）

**垒** “壘”的简化字。“垒”和“壘”本义有区别，“垒”指用土坯垒墙，“壘”指军营中御敌的墙壁。后来“垒”字不用，两义都用“壘”。今改为两义都用“垒”，是恢复了古字。

**累** “纍”的简化字。“累”和“纍”的本义不同，“累”读lěi，指堆积，积聚；又读lèi，指牵连，拖累。“纍”本义为有条理地连缀起来，又指绳索，引申为“拘系（犯人）”。两字在古代经常通用，而“累”字使用更频繁，常被借用来表示“纍”的意义。如《孟子·梁惠王》：“系（係）累其子弟。”其中“累”是“拘系，捆绑”的意思。汉碑和魏晋书法作品中“累”字也经常出现。（图 53，145 页）

**类** “類”的简化字。“类”最早见于金代字书《改併四声篇海》的明刻本。1935 年《简体字表》收入了“类”字。

**离** “離”的简化字。“离”最早见于西汉前期马王堆汉墓帛书。如《老子乙本·卷前古佚书》：“羣（群）臣离志。”“恒德不离。”1932 年《国音常用字汇》和 1935 年《简体字表》都收入了“离”字。（图 54，146 页）

**礼** “禮”的简化字。东汉《说文解字》中有战国古文，隶定后就是“礼”。在汉碑中，“禮”也常写作“礼”。1932 年《国音常用字汇》和 1935 年《简体字表》都收入了“礼”字。（图 55，147 页）

**里** “裏”的简化字。“里”和“裏”原为两个不同的字，“里”指路程，“裏”本义指衣服内层，引申为“内”。由于两字读音相同，所以古籍中有时也将“裏”写作“里”。如相传为汉代人写的《素问》一书中说：“肉里之脉，令人腰痛。”其中的“里”应为“裏”。1932 年《手头字第一期字汇》将“里”作为“裏”的简化字收入。

**历**④ “歷”“曆”的简化字。“曆”是“歷”的分化字。周代金文中有“歷”字，本义为经过，经过的日月则被称作“曆”。“曆”本来也写作“歷”，如《易·革》：“君子以治歷明时。”后来专为日历的意义造了分化字“曆”（东汉《说文解字》尚无此字）。现在将两字合并，只是省去了一个分化字。

简化字“历”是现代群众造的新形声字。

**怜** “憐”的简化字。“怜”最早出现在隋朝的董美人墓志上，唐代敦煌变文写本中有“怜”字，《干禄字书》收入了“怜”

字。1932 年《国音常用字汇》和 1935 年《简体字表》也都将“怜”字收入。（图 56，148 页）

**帘** “簾”的简化字。“帘”和“簾”本为两个不同的字，“帘”是酒店门外的旗帜，即酒帘；“簾”是挂在门上的遮蔽物。现代群众将两字通用，1955 年 2 月商务印书馆出版的《同音字典》说：“帘也用作簾。”承认了这种现实。

**联** “聯”的简化字。“联”来源于草书。楷化的“联”字最早见于清代刊行的《岭南逸史》。太平天国的印书中也有“联”字。1935 年《简化字表》将“联”字收入。

**粮** “糧”的简化字。在先秦古籍中已使用“粮”字。如《墨子·鲁问》：“攻其邻家，杀其人民，取其狗豕食粮衣裘。”东汉永寿二年（公元 156 年）的《韩勑碑》和光和六年（公元 183 年）的《白石神君碑》都有“粮”字。南朝字书《玉篇》收入了“粮”字。1935 年《简体字表》也将“粮”字收入。（图 57，149 页）

**两** “兩”的简化字。“两”来源于行书。楷化后的“两”最早出现在元抄本《京本通俗小说》和元刊本《古今杂剧三十种》上。1932 年《国音常用字汇》收入了“两”字。

**了** “瞭”（liǎo）的简化字。“了”（liǎo）与“瞭”都有“明白”的意义，古籍中的“瞭”有时通作“了”，如晋郭璞《尔雅序》：“其所易了，阙而不论。”此处“了”即“瞭”，是懂、明白的意思。

**邻** “鄰”的简化字。“邻”最早见于 1936 年陈光尧的《常用简字表》。（图 58，149 页）

**临** “臨”的简化字。“临”来源于草书。元代刊行的《古今杂剧三十种》中有“临”字，与今天的简化字接近。“临”最早见于 1935 年《简体字表》。

**灵** “靈”的简化字。“灵”和“靈”原为两个不同的字，“灵”本义为小热貌，因不常用，被用来代替“靈”字。明代字书《正字通》把“灵”作为靈的俗字收入。1935 年《手头字第一期字汇》收入了“灵”字。

**刘** “劉”的简化字。“刘”最早见于金代《篇海类编·器用类·刀部》。1932 年《国音常用字汇》和 1935 年《手头字第一期字汇》都收入了“刘”字。

**娄** “婁”的简化字。“娄”来源于汉代草书。历代书法家笔下都出现了与“娄”相似的草书写法。楷化后的“娄”最早见于宋刊《古列女传》。1932 年《国音常用字汇》收入了“娄”字。（图 59，150 页）

**芦** “蘆”的简化字。“芦”本读 hù，同“苄”，是一种草的名字。后来人们借用“芦”作为“蘆”的简体，最早见于元抄本《京本通俗小说》。明代字书《字汇》将“芦”作为“蘆”的简化字收入。1932 年《国音常用字汇》和 1935 年《手头字第一期字汇》都收入“芦”字。（图 60，150 页）

**庐** “廬”的简化字。“庐”最早出现在宋刊《古列女传》中。1932 年《国音常用字汇》和 1935 年《简体字表》都收入了“庐”字。

**炉** “爐”的简化字。“炉”最早出现在宋刊《大唐三藏取经诗话》中。金《篇海类编》将“炉”作为“爐”的俗字收入。

**陆** “陸”的简化字。“陆”来源于草书。楷化后的“陆”最早见于太平天国文书。

**驴** “驢”的简化字。“馿”最早见于宋刊《大唐三藏取经诗话》。1932 年《国音常用字汇》收入了“馿”。《简化字总表》根据“马”的简化方法，将“馿”类推简化为“驴”。

**乱** “亂”的简化字。“乱”最早见于北魏永平四年的《郑文公下碑》。北齐颜之推的《颜氏家训》中提到了这种写法。宋元以来刊行的通俗读物中广泛使用了“乱”字。1932 年《国音常用字汇》和 1935 年《简体字表》都将“乱”字收入。（图 61，151 页）

**仑** “侖”的简化字。“仑”来源于汉代草书。印刷物中的“仑”最早见于元抄本《京本通俗小说》(“論”字偏旁)。

**罗** “羅”的简化字。“罗”最早见于元抄本《京本通俗小说》。明代字书《篇海类编》收入了此字。1932年《国音常用字汇》和1935年《简体字表》都将“罗”字收入。

**麦** “麥”的简化字。早在战国末至秦初抄写的睡虎地秦简、汉代的居延简和碑刻中,“麥”字就有接近于今天的简化字的写法。南朝字书《玉篇》收入了“麦”字。1932年《国音常用字汇》和1935年《简体字表》都将“麦”字收入。(图62,152页;图63,153页)

**卖** “賣”的简化字。“卖”来源于汉代草书,西汉史游的《急就章》和敦煌、居延汉简中的“賣”就和“卖”形体接近。1935年《手头字第一期字汇》中的“卖”和今简化字形完全相同。(图64,153页)

**么** “麼”的简化字。“么”和“麼”原为两个音义不同的字,“么”读yāo,同“幺”,是“小”的意思;“麼”读mó又读ma、me,是什麼的“麼”。明代的官府文书档案《兵科抄出》中,开始出现以“么”代“麼”的用法。印刷物中最早出现这一用法的是清刊《金瓶梅奇书》。1932年《手头字第一期字汇》以“么”作为“麼”的简化字。

**霉** “黴”的简化字。“霉”是“黴”的俗字,产生于宋代,始见于南宋周密的词中。

**门** “門”的简化字。“门”来源于汉代草书。在居延汉简中,“門”字和今天的简化字形已没有什么区别。印刷物中的“门”最早见于宋代刊行的《大唐三藏取经诗话》(問、間偏旁)。1935年《简体字表》收入“门”字。(图65,154页)

**蒙** “矇”“懞”“濛”的简化字。“矇”读méng,本义为眼睛失明,引申为昏暗不明和愚昧;“懞”读méng,指朴实敦厚,又读měng,指昏昧无知;“濛”读méng,本义为细雨貌,引申为笼罩；“蒙”指蒙蔽。这四个字所记录的词在意义上有联系，是一组同源字，所以在古代有时也通用，如《诗·大雅·灵台》的“矇瞍奏公”，“矇”在其他书的引文中又作“蒙”。《简化字总表》将四字合并为“蒙”，是合理的。

**梦** “夢”的简化字。“梦”来源于草书，在北宋蔡襄明代李卓吾、李乐等人的书法作品中，“夢”写作梦，印刷物中的“梦”最早出现在元刊本《朝野新声太平乐府》上。《康熙字典》收入了“梦”字，1935 年《手头字第一期字汇》也将“梦”字收入。（图 66，155 页）

**庙** “廟”的简化字。“庙”由战国古文“庿”发展而来，最早见于元抄本《京本通俗小说》。明代字书《字汇》收入“庙”字。1932 年《国音常用字汇》和 1935 年《简体字表》也都将“庙”字收入。（图 67，156 页）

**蔑** “衊”的简化字。“蔑”和“衊”原为两个不同的字，“蔑”是“微小”的意思，“蔑视”就是小看。“衊”是“污染”的意思，用不实之辞诽谤人就是“污衊”。由于两字同音，所以有时通用。明代字书《正字通》说：“衊……通用蔑。”说明当时已有这种用法。

**黾** “黽”的简化字。“黾”最早出现在唐代敦煌变文写本中。明代字书《字汇》将“黾”字收入。1932 年《国音常用字汇》收入了该字。1935 年《简体字表》和《手头字第一期字汇》把“黽”旁都简化为“黾”。（图 68，157 页）

**亩** “畝”的简化字。“亩”最早见于 1935 年《手头字第一期字汇》。

**难** “難”的简化字。“难”最早见于明代的《薛仁贵跨海东征白袍记》。明末的官府文书档案《兵科抄出》也有“难”字。1932 年《国音常用字汇》和 1935 年《简体字表》都收入了“难”字。

**迁** “遷”的简化字。“迁”最早出现在宋代刊行的《古列女传》上。明代字书《正字通》将“迁”正式收入。1932年《国音常用字汇》和1935年《简体字表》都收入了“迁”字。

**签** 简化字“签”对应的繁体字有两个：簽和籤。这两个字音同义近，古已通用，明代字书《正字通》有例证。《简化字总表》将二字合并为一个，并根据“佥”的简化方法将“簽”类推简化为“签”。

**乔** “喬”的简化字。“乔”来源于草书。楷化后的“乔”作为偏旁最早出现在清初刊行的《目连记弹词》上，作为独立的字最早出现在清代嘉庆年间刊行的《金瓶梅奇书》上。1932年《国音常用字汇》和1935年《简体字表》都收入了“乔”字。

**窃** “竊”的简化字。“窃”最早出现在元抄本《京本通俗小说》上，字形作“窃”，与“窃”略有不同。明代《兵科抄出》上有跟现行简化字写法完全相同的“窃”。1932年《国音常用字汇》和1935年《手头字第一期字汇》都收入了“窃”字。

**亲** “親”的简化字。“亲”最早见于金代韩道昭的《改并四声篇海》。元抄本《京本通俗小说》中也有“亲”字。1935年《简体字表》将该字收入。

**寝** “寢”的简化字。“寝”来源于草书。楷化后的“寝”最早出现在元代刊行的《朝野新声太平乐府》上。

**穷** “窮”的简化字。“穷”来源于草书。楷化后的“穷”最早出现在元抄本《京本通俗小说》上。1932年《国音常用字汇》和1935年《简体字表》都收入了“穷”字。

**琼** “瓊”的简化字。“琼”是近代群众造的新形声字。1932年《国音常用字汇》正式将“琼”字收入。

**秋** “鞦”的简化字。详见“千”字条（图73，159页）

**区** “區”的简化字。元代刊行的《古今杂剧三十种》中有和“区”相近的“叵”字，1935年《手头字第一期字汇》中有与现行简化字完全相同的“区”字。

**权** “權”的简化字。“权”最早出现在元抄本《京本通俗小说》上。1932年《国音常用字汇》和1935年《简体字表》都收入了“权”字。

**劝** “勸”的简化字。“劝”最早出现在元抄本《京本通俗小说》上。1932年《国音常用字汇》和1935年《简体字表》都收入了“劝”字。

**确** “確”的简化字。“确”和“確”原为两个不同的字，“确”字比“確”字产生得早，东汉《说文》中已出现，本义是土地多石而贫脊，引申为坚硬，又引申为确实、确切，如《后汉书》：“指切时要，言辩而确。”“確”字产生较晚，本义为坚固，由于其引申义与“确”相近，所以后来在“确实”的意义上，使用“確”字较多，现在用“确”代“確”，是恢复了原来的用法。

**让** “讓”的简化字。1935年《手头字第一期字汇》作“訌”，《简化字总表》根据“言字旁”的简化方式将“訌”字进一步类推简化为“让”。

**热** “熱”的简化字。“热”来源于草书。居延汉简中已有“热”的草率写法。唐代敦煌变文写本中，有与简化字极相近的草体。楷化后的“热”最早出现在元代刊行的《古今杂剧三十种》上。1932年《国音常用字汇》和1935年《简体字表》都收入了“热”字。（图74，160页）

**洒** “灑”的简化字。“洒”最初的意义是洗涤，读xǐ，是“洗”的初文。但它很早就被借来表示“洒水”的意思。早在西周春秋时代成书的《诗经》上，就用了“洒”字。汉代《陈球后碑》上有“洒”字。《说文解字》在“洒”字条目下有“古文以为灑扫字”的说法。唐代敦煌变文写本中多处用“洒”字。1932年《国音常用字汇》和1935年《手头字第一期字汇》都收入了“洒”字。（图75，160页）

**丧** “喪”的简化字。“丧”来源于草书。楷化后的“丧”最早见于北魏《元飈妻王夫人墓志》。唐代敦煌变文写本中也有“丧”字。1935年《简体字表》收入了“丧”字。(图76，160页)

**扫** “掃”的简化字。“扫”来源于草书。楷化后的“扫”最早见于清初刊行的《目连记弹词》。1935年《手头字第一期字汇》将“扫”字收入。

**啬** “嗇”的简化字。“啬”来源于草书。清代同治年间刊行的《岭南逸史》中有“樯”字，其偏旁“啬”与现行简化字“啬”完全相同。

**杀** “殺”的简化字。“杀”最早见于西汉前期的银雀山汉墓竹简，唐代的《五经文字》收入“杀”字。元代的《京本通俗小说》等文学作品中都有“杀”字。明代字书《正字通》将“杀”字正式收入。1935年《简体字表》也收了该字。(图77，160页)

**晒** “曬”的简化字。“晒”最早见于明代字书《正字通》。1935年《简体字表》也收入了“晒”字。

**伤** “傷”的简化字。“伤”来源于草书。楷化后的“伤”最早出现在元抄本《京本通俗小说》上。

**舍** “捨”的简化字。“捨”和“舍”原为两个不同的字，“舍”是房舍的“舍”，“捨”是放弃、放下的意思。在放弃、放下这一意义上，先秦古籍如《易经》《孟子》《荀子》等都有用“舍”的例子。如《易·贲》：“舍车而徒。”其中的“舍”即舍弃的意思。宋代《广韵》注：“舍同捨。”1932年《国音常用字汇》也以“舍”作为“捨”的简化字。(图78，161页)

**沈** “瀋”的简化字。“瀋”和“沈”原为两个不同的字，“沈”是“沉”的本字，“瀋”的本义是“汁液”，在现代汉语里只用于地名“瀋阳”。“沈”和“瀋”古已通用，秦汉之际的《礼记》就有以“沈”代““瀋”的例子。宋代《集韵》注：“瀋……或作

沈。"把"沈"当作"瀋"的异体字。(图 79,162 页)

**声** "聲"的简化字。"声"最早见于宋代刊行的《古列女传》和《大唐三藏取经诗话》。金代《改并四声篇海》将"声"字收入。1932 年《国音常用字汇》和 1935 年《简体字表》也收入了"声"字。

**圣** "聖"的简化字。"圣"最早见于元代刊行的《古今杂剧三十种》。1932 年《国音常用字汇》和 1935 年《简体字表》也收入了"圣"字。

**师** "師"的简化字。"师"来源于草书。敦煌汉简中已有"师"的草率写法。唐代敦煌变文写本中有"师"字，与现代简化字已完全相同，1935 年《简体字表》收入了"师"字。(图 80，162 页)

**时** "時"的简化字。"时"来源于草书。汉代敦煌简中有"时"字，与简化字"时"基本相同。楷化后的"时"最早见于宋代刊行的《大唐三藏取经诗话》。1932 年《国音常用字汇》和 1935 年《简体字表》都收入了"时"字。(图 81,163 页)

**实** "實"的简化字。"实"来源于草书。东晋王羲之的《破羌帖》中有"实"的行书。楷化后的"实"最早出现在元抄本《京本通俗小说》上。1935 年《简体字表》也收入了"实"字。(图 82，163 页)

**势** "勢"的简化字。"势"来源于草书。唐代敦煌变文写本中有"势"，与现行简化字极相近。楷化后的"势"最早出现在宋代刊行的《古列女传》上。1935 年《简体字表》收入了"势"字。

**寿** "壽"的简化字。"寿"来源于草书，敦煌汉简中已有与现行简化字非常相近的形体。楷化后的"寿"最早出现在唐代敦煌变文写本中，宋代刊行的《古列女传》上也有"寿"字。1932 年《国音常用字汇》和 1935 年《手头字第一期字汇》都收入了"寿"字。(图 83，164 页)

**兽**⑤ “獸”的简化字。“嘼”和“獸”很早就通用了，明代字书《正字通》有例证。也有人认为，“嘼”是“獸”的初文，因此将“獸”与“嘼”合并是有根据的。“嘼”上面的两个“口”在行草中常写作一点一撇，《简化字总表》吸收了这种写法，又将“嘼”简化为“兽”。

**属** “屬”的简化字。东汉延熹六年（公元163年）的《桐柏庙碑》上有属字，结构与简化字“属”相同。南北朝时期的《玉篇》收入了“属”字。1935年《简体字表》也收入“属”字。（图84，164页）

**帅** “帥”的简化字。“帅”来源于草书。元代刊行的《古今杂剧三十种》《全相三国志平话》上，“帅”的第一笔是点，与现行简化字略有不同。1935年《简体字表》中的“帅”字与今天的“帅”字完全相同。

**双** “雙”的简化字。“双”最早出现在唐代敦煌变文写本中。宋代刊行的《古列女传》《大唐三藏取经诗话》中都有“双”字。明代《字汇》正式将“双”字收入。1932年《国音常用字汇》和1935年《简体字表》都收入了“双”字。（图85，165页）

**松** “鬆”的简化字。“鬆”和“松”原为两个不同的字，“松”是松树的“松”，“鬆”是疏鬆、鬆散的“鬆”。这两个字通用的例子最早出现在清代初年刊行的《目连记弹词》上。清代《字汇补》上说：“松，与鬆同。”《简化字总表》吸收了这一用法，将“鬆”简化为“松”。（图86，166页）

**苏**1 “蘇”的简化字。“苏”最早见于1935年的《手头字第一期字汇》和《简体字表》。

**虽** “雖”的简化字。“虽”最早见于元代刊行的《朝野新声太平乐府》。1932年《国音常用字汇》和1935年《简体字表》都收入了“虽”字。

**随** “隨”的简化字。“随”最早见于东晋王羲之的《佛遗教经》。1932年《国音常用字汇》和1935年《手头字第一期

字汇》都收入了“随”字。（图 87，167 页）

**岁** “歲”的简化字。“岁”最早见于 1932 年《国音常用字汇》，1935 年《简体字表》也收入了“岁”字。

**孙** “孫”的简化字。“孙”来源于草书。西汉史游的《急就章》中“孫”写作“孙”，敦煌汉简“孫”写作“孙”，与今天的简化字“孙”基本相同。1935 年《简体字表》收了楷化的“孙”字（图 88，167 页）

**台[1]** “臺”“檯”⑥的简化字。“臺”和“台”原为两个不同的字。“台”有几个读音，读 tái 时最初指星名“三台”，又用作敬辞，用来称呼对方或与对方有关的行为。“臺”的本义是用土筑成的四方形高而平的建筑物，它也可用来表示对人的尊称。“台”与“臺”很早就通用了，东汉《张表碑》：“当陟台阶。”其中的“臺”就写作“台”。元代刊行的《朝野新声太平乐府》以及清代的一些文学作品中也有很多以“台”代“臺”的例子。1935 年《简体字表》将“台”作为“臺”的简化字收入。（图 89，167 页）“檯”指桌子一类的东西，如写字檯、工作檯。“臺”和“檯”在唐代就有通用的例子，韩偓《席上有赠》：“莫道风流无宋玉，好将心力事妆臺。”1935 年《简体字表》将“檯”简化为“枱”，《简化字总表》又进一步简化为“台”。

**坛[1]** “壇”的简化字。“坛”最早见于 1932 年《国音常用字汇》，1935 年《简体字表》也以“坛”作为“壇”的简化字。

**叹** “嘆”的简化字。“叹”最早见于 1935 年《手头字第一期字汇》。

**体** “體”的简化字。“体”最早出现在元抄本《京本通俗小说》上。1935 年《手头字第一期字汇》收入了“体”字。

**条** “條”的简化字。“条”最早出现在元代刊行的《古今杂剧三十种》上。1932 年《国音常用字汇》和 1935 年《简体字表》都收入了“条”字。

**枭** “耀”的简化字。“枭”最早见于唐代的《干禄字书》。1935年《简体字表》也收入了“枭”字。(图90，168页)

**铁** “鐵”的简化字。元代的《古今杂剧三十种》《全相三国志平话》《朝野新声太平乐府》等作品中都有金旁未简化的“鉄”字。1932年《国音常用字汇》和1935年《简体字表》都收入了“鉄”字。《简化字总表》将“鉄”类推简化为“铁”。

**厅** “廳”的简化字。“厅”最早出现在元代的《古今杂剧三十种》上。

**听** “聽”的简化字。“听”最早出现在元抄本《京本通俗小说》上。明代字书《正字通》正式收入“听”字。1932年《国音常用字汇》和1935年《简体字表》都收了“听”字。

**头** “頭”的简化字。“头”来源于草书。居延汉简中就有许多“頭”的草体。1935年《简体字表》和《手头字第一期字汇》都收入了楷化后的“头”。(图91，169页)

**涂** “塗”的简化字。“塗”和“涂”原为两个不同的字，“涂”的本义是水名，“塗”的本义是泥巴，引申为粉刷、塗抹等意义。“涂”和“塗”古已通用，早在抄写于战国末至秦代初的睡虎地秦简上，就有以“涂”代“塗”的例子，如“扇(漏)屋涂湮(墍)”，这里的“涂”通“塗”。抄写于西汉前期的马王堆汉墓帛书上也有很多以“涂”代“塗”的例子，如“婴儿善泣，涂琇上方五尺”，“并以涂新布巾”等。(图92，169页)

**洼** “窪”的简化字。“洼”和“窪”原为两个不同的字，“洼”的本义是深池，“窪”的本义是清水，二字都有低凹、凹陷的意思，音也相同，所以很早就通用了。如抄写于西汉初的《马王堆汉墓帛书·老子甲本·道经》：“洼则盈，敝则新。”其中的“洼”通“窪”。

**袜** “襪”的简化字。“袜”和“襪”在古代就是异体关系。南北朝时期的《玉篇》：“袜，脚衣。”唐代《一切经音义》：“袜，或作襪。”1932年《国音常用字汇》和1935年《简体字

表》都以“袜”作为“襪”的简体。(图 93，169 页)

**万** “萬”的简化字。“万”的字形最早见于西周早期的“倗万毁”，意义不明，战国时期的古印中有“万”字，用作“萬”。在汉印、汉碑、魏碑中，“萬”也经常写作“万”。南北朝时期的《玉篇》将“万”作为“萬”的俗字收入。1932 年《国音常用字汇》和 1935 年《简体字表》都收入了“万”字。(图 94，170 页)

**网** “網”的简化字。商代的甲骨文里有象形的“网”字。东汉许慎的《说文解字》以“网”为正体。1932 年《国音常用字汇》收入了“网”字。(图 95，171 页)

**为** “爲”的简化字。“为”来源于草书。汉代的居延简、敦煌简中已大量使用“为”字。1935 年《简体字表》收入了“为”字。(图 96，172 页)

**稳** “穩”的简化字。“稳”来源于草书。楷化后的“稳”最早出现在元抄本《京本通俗小说》上。1935 年《手头字第一期字汇》收入了“稳”字。

**无** “無”的简化字。“无”最早出现在战国时期，《说文》中的奇字(战国文字)“无”和睡虎地秦简中的“无”字与今天的简化字极其接近。汉碑中“无”字大量使用。1932 年《国音常用字汇》和 1935 年《简体字表》都收了“无”字。(图 97，173 页)

**务** “務”的简化字。“务”最早见于元代的《全相三国志平话》。1935 年《手头字第一期字汇》也收入了“务”字。

**雾** “霧”的简化字。“雾”最早出现在元代刊行的《古今杂剧三十种》上。

**牺** “犧”的简化字。“牺”是现代群众造的新形声字。1936 年陈光尧的《常用简字表》中有“牺”字。(图 98，174 页)

**戏** “戲”的简化字。“戏”最早见于 1932 年《国音常用字汇》，1935 年《简体字表》也收了“戏”字。

**系** “係”“繫”的简化字。“系”、“係”和“繫”原为三个不同的字，“系”的本义是联属，连接，“係”的本义是捆绑，“繫”的本义是粗劣的絮，读jì，后又有xì的音，意思是联缀、维系。这三个字意义接近，往往通用。东汉时的《说文解字》：“系，繫也。”清代王筠句读：“谓繫可借为系也。”清段玉裁《说文解字注》“系”字条下说：“系与係可通用。”1935年《手头字第一期字汇》把“系”作为“繫”的简化字。《简化字总表》吸收了这些用法，把“係”和“繫”都简化为“系”。（图99，175页）

**虾** “蝦”的简化字。“虾”最早见于1935年《简体字表》。

**吓** “嚇”的简化字。“吓”最早见于1932年《国音常用字汇》。

**县** “縣”的简化字。“县”最早见于明代的官府文书档案《兵科抄出》。

**献** “獻”的简化字。“献”最早见于宋代刊行的《古列女传》。金代的《改并四声篇海》收入了“献”字。1932年《国音常用字汇》和1935年《手头字第一期字汇》也收入了该字。

**响** “響”的简化字。“响”最早出现在明代刊行的《清平山堂话本》上。太平天国文献中“响”字使用很普遍。1932年《国音常用字汇》和1935年《手头字第一期字汇》都收入了“响”字。

**向** “嚮”的简化字。“嚮”和“向”原为两个不同的字。“向”的本义是朝北的窗户，“嚮”的本义是趋向、向着。“向”、“嚮”二字很早就通用了。《庄子·秋水》：“河伯始旋其面目，望洋向若而叹。”其中的“向”与“嚮”通。《广韵》：嚮，与向通用。”《简化字总表》吸收了这一用法，将“嚮”简化为“向”。

**协** “協”的简化字。“协”最早出现在明代的官府文书档案《兵科抄出》上。1935年《简体字表》收入了“协”字。

**亵** “褻”的简化字。“亵”来源于草书。楷化后的“亵”最早出现在清初刊行的《目连记弹词》上。

**衅** “釁”的简化字。“衅”与“釁”在古代就是异体关系，《礼记·乐记》：“车甲衅而藏之府库，而弗復用。”其中使用了“衅”字。南北朝时期的《玉篇》指出“衅”与“釁”相同。1932年《国音常用字汇》和1935年《简体字表》也以“衅”作为“釁”的简化字。（图100，176页）

**兴** “興”的简化字。“兴”来源于草书。汉代的居延简里已有“興”的草体，楷化后的“兴”最早出现在唐代敦煌变文写本《李陵变文》上。（图101，177页）

**须** 简化字“须”对应的繁体字有两个：鬚和須。这两个字的意义不同。“須”是必須的“須”，“鬚”是髯鬚的“鬚”。实际上髯鬚的“鬚”最初就写作“須”，“鬚”是“須”的后起字。先秦典籍如《易经》《荀子》等在胡须的意义上都用“須”字。马王堆汉墓帛书中也以“須”代“鬚”。东汉《说文解字》收了“須”字。《简化字总表》恢复了“鬚”的初文“須”，并把“須”，类推简化为“须”。（图102，178页）

**选** “選”的简化字。“选”最早见于1932年《国音常用字汇》，1935年《简体字表》也收入了“选”字。

**压** “壓”的简化字。“压”最早见于1935年《简体字表》。

**阳** “陽”的简化字。“阳”最早出现在元抄本《京本通俗小说》上。清代《字汇补》注：“《道藏》有阳字，与陽同。”1935年《简体字表》收入了“阳”字。（图103，179页）

**养** “養”的简化字。“养”来源于草书。楷化后的“养”最早出现在元抄本《京本通俗小说》上。

**痒** “癢”的简化字。在“搔痒”的意义上，“痒”的使用先于“癢”。周代《周礼·天官·疾医》：“夏时有痒疥疾，”其中的“痒”就是“搔痒”的意思。而在东汉的《说文》中“癢”字还没有出现。南北朝时的《玉篇》、宋代的《广韵》《集韵》都收入了当“搔痒”讲的“痒”字。1932 年《国音常用字汇》和 1935 年《简体字表》都收入了“痒”字。(图 104，180 页)

**样** “樣”的简化字。“样”最早见于 1936 年陈光尧《常用简字表》。(图 105，181 页)

**药** 简化字“药”对应的繁体字有两个：藥和葯。这两个字的意义不同，“葯”是白芷的叶，“藥”是用来治病的东西。由于二字读音相同，所以很早就通用了。太平天国文献中有把“藥”写作“葯”的例子。1932 年《国音常用字汇》和 1935 年《手头字第一期字汇》都以“葯”作为“藥”的简化字。《简化字总表》将“葯”类推简化为“药”。

**爷** “爺”的简化字。“爷”最早出现在清代初年刊行的《目连记弹词》上。1935 年《手头字第一期字汇》收入了“爷”字。

**页** “頁”的简化字。“页”来源于草书，汉代史游《急就章》和居延简中都有“頁”的草体（多做偏旁），与现在的简化字字形相近。清初刊行的《目连记弹词》以及后来的《金瓶梅奇书》都有做偏旁的楷化了的“页”。(图 106，182 页)

**医** “醫”的简化字。“医”最早出现在元抄本《京本通俗小说》上。1932 年《国音常用字汇》和 1935 年《简体字表》都收入了“医”字。

**亿** “億”的简化字。“亿”是现代群众创造的新形声字，最早见于 1936 年陈光尧《常用简字表》。(图 107，183 页)

**义** “義”的简化字。“义”最早出现在元抄本《京本通俗小说》上。1932 年《国音常用字汇》和 1935 年《简体字表》都收入了“义”字。

**忆** “憶”的简化字。“忆”是现代群众创造的新形声字，最早见于 1936 年陈光尧《常用简字表》。(图 108，184 页)

**阴** “陰”的简化字。“阴”最早出现在元抄本《京本通俗小说》上。清代《字汇补》注：“除，又作阴，并与陰同。”1932

年《国音常用字汇》和1935年《简体字表》都收入了“阴”字。（图109，185页）

**隐** “隱”的简化字。“隐”最早出现在睡虎地秦墓竹简上。武威汉简、唐代敦煌变文写本、宋代刊行的《古列女传》以及后来各代的通俗文学刻本中都有“隐”字。1932年《国音常用字汇》和1935年《简体字表》都将“隐”字收入。（图110，185页）

**应** “應”的简化字。“应”来源于草书，如唐怀素写的“應”与“应”极为接近。楷化后的“应”最早出现在元抄本《京本通俗小说》上。1935年《简体字表》收入了“应”字。（图111，186页）

**踊** “踴”的简化字。“踴”最初就写作“踊”。东汉许慎的《说文解字》有“踊”无“踴”，“踴”是后起俗字。先秦古籍《诗经》《左传》等书中多用“踊”字，如《诗经·邶风·击鼓》：“击鼓其镗，踊跃用兵”，《左传·僖公二十八年》：“距跃三百，曲踊三百。”汉代《费凤别碑》、唐代敦煌变文写本中都有“踊”字。1932年《国音常用字汇》以“踊”作为“踴”的简化字。《简化字总表》起用了“踊”字，恢复了最初的用法。（图112，187页）

**优** “優”的简化字。唐代敦煌变文写本中有优字，与现行简化字“优”接近。1936年陈光尧《常用简字表》收入“优”字。（图113，188页）

**犹** “猶”的简化字。在唐代敦煌变文写本中的“猶”字，与现行简化字“犹”接近。印刷物中的“犹”最早见于元抄本《京本通俗小说》。明代字书《正字通》收入了“犹”字。1932年《国音常用字汇》和1935年《简体字表》都将“犹”字收入。（图114，189页）

**余** “餘”的简化字。“余”和“餘”古已通用，《周礼》、银雀山汉简、敦煌汉简、汉《吴仲山碑》中都有以“余”代“餘”的例子。如《周礼·地官·委人》：“凡其余聚以待颁赐”，

《吴仲山碑》："父有余财。"唐代敦煌变文写本中也有"余"字。元抄本《京本通俗小说》以及后来各代的通俗文学刻本中普遍用"余"代"餘"。(图 115，190 页)

**鱼** "魚"的简化字。"鱼"来源于草书，武威汉简中"魚"写作鱼，与今"鱼"字相同。唐代敦煌变文写本中也有"鱼"字。印刷物中的"鱼"最早出现在清初刊行的《目连记弹词》上。(图 116，191 页)

**与** "與"的简化字。"与"和"與"在古代就是异体关系。东汉《说文解字》说"与"与"與"同，东汉的《耿勳碑》有"与"字。唐代敦煌变文写本中的"与"与现行简化字完全相同。宋元以来的通俗文学刻本中普遍使用"与"字。1932 年《国音常用字汇》和 1935 年《简体字表》都收入了"与"字。(图 117，191 页)

**誉** "譽"的简化字。"誉"来源于南北朝以后的草书。楷化后的"誉"最早见于 1935 年《简体字表》。

**郁** "鬱"的简化字。"郁"和"鬱"是两个不同的字，但很早两字就通用了。先秦的《楚辞·九章·思美人》："纷郁郁其远蒸兮，满内而外扬。"其中的"郁"通"鬱"。清代朱骏声在《说文通训定声》中说："郁，假借为鬱。"《简化字总表》吸收了这一用法，把"鬱"简化为"郁"。

**御** "禦"的简化字。"禦"和"御"原为两个不同的字。"御"是驾御的"御"，"禦"是防禦的"禦"，但两字很早就通用了。先秦的《诗经》《楚辞》《左传》中都有以"御"代"禦"的例子，如《诗经·邶风·谷风》："我有旨蓄，亦以御冬。"《楚辞·九辩》："无衣裘以御冬兮，恐溘死不得见乎阳春。"睡虎地秦简中也有以"御"代"禦"的例子，如："天火燔人宫，不可御，以白沙救之，此止矣。"《简化字总表》吸收了这一用法，将"禦"简化为"御"。(图 118，192 页)

**渊** "淵"的简化字。"渊"来源于草书。楷化后的"渊"最早出现在宋代刊行的《古列女传》上。1935 年《手头字第一期字汇》收入了“渊”字。

**园** “園”的简化字。“园”最早出现在元抄本《京本通俗小说》上。1932年《国音常用字汇》和1935年《简体字表》都收入了“园”字。

**远** “遠”的简化字。“远”最早出现在元抄本《京本通俗小说》上。1932年《国音常用字汇》和1935年《简体字表》都收入了“远”字。

**愿** 简化字“愿”对应的繁体字有两个：願和愿。这两个字的意义不同，“愿”的本义是老实、谨慎，所以形旁是“心”；“願”的本义是大头，所以形旁是“頁”后又用于心願、願意等义。由于“愿”和“願”读音相同，心願、願意等又跟“心”有关，所以近现代群众就用“愿”来代替“願”。太平天国文书中有这种用例。《简化字总表》吸收了这种用法，将“願”简化为“愿”。

**云** “雲”的简化字。“雲”和“云”原为两个不同的字，“云”的意思是“说”，“雲”是雲雨的“雲”。实际上“雲”最初就写作“云”，早在商代的甲骨文里就有“云”的象形字。后因常被借来表示“说”的意思，就在“云”上加“雨”表示本义。“雲”字产生后，仍有时借用“云”字，如《战国策·秦策四》：“楚燕之兵云翔不敢校。”睡虎地秦简及西汉前期的马王堆汉墓竹简都有以“云”代“雲”的例子，如马王堆汉墓竹简《十问》：“而新气日盈，则彤（形）有云光。”《简化字总表》以“云”代“雲”，是恢复了最初的用法。（图119，193页）

**杂** “雜”的简化字。“杂”最早见于1936年陈光尧《常用简字表》。（图120，194页）

**赃** “贓”的简化字。晋代《搜神后记·朱弼》和唐代张鹭《朝野佥载》卷三中都有“賍”字。1932年《国音常用字汇》和1935年《简体字表》都收了“賍”字。《简化字总表》把“賍”类推简化为“赃”。

**脏**[1] “臟”的简化字。“脏”作为“臟”的简化字最早见于1936年陈光尧《常用简字表》。（图121，195页）

**凿** “鑿”的简化字。清代刊行的《岭南逸史》中有“鑿”的简体“凿”。1936年陈光尧《常用简字表》收入“凿”字。

**枣** “棗”的简化字。“枣”最早出现在清初刊行的《目连记弹词》上。1935年《简体字表》也收入了“枣”字。

**灶** “竈”的简化字。在先秦的陶文中，已有上下结构的圭。金代的《五音集韵》正式收入“灶”字。1932年《国音常用字汇》和1935年《简体字表》都收入了“灶”字。（图122，196页）

**斋** “齋”的简化字。据清代的《康熙字典》记载，金代的《篇海》已有“斋”字。“斋”还见于明代刊行的《岳飞破虏东窗记》等书。1932年《国音常用字汇》和1935年《简体字表》都收入了“斋”字。（图123，196页）

**毡** “氈”的简化字。“毡”最早见于宋代王禹偁的《和庐州通判李学士见寄》。明代字书《正字通》正式收入“毡”字。1932年《国音常用字汇》和1935年《简体字表》都收入了“毡”字。

**战** “戰”的简化字。明末的官府文书档案《兵科抄出》和清初的《目连记弹词》中都有“战”字。1932年《国音常用字汇》和1935年《简体字表》都收入了“战”字。

**赵** “趙”的简化字。“赵”最早出现在清初刊行的《目连记弹词》上。

**折** “摺”的简化字。“折”跟“摺”原为两个不同的字，“折”的本义是折断，“摺”的本义是毁坏。后来两字意义接近，常常通用。如南朝时编撰的《后汉书·郭太传》：“……时人乃故折巾一角，以为‘林宗巾’。”宋代《唐会要》卷三十六：“其中须有部折，各於当族注之。”其中的“折”通“摺”。《简化字总表》根据习惯用法，规定以“折”代“摺”，但两字意义“可能混淆时，摺仍用摺”。

**这** “這”的简化字。“这”最早出现在清初刊行的《目连记弹词》上。1932年《国音常用字汇》和1935年《简体字表》都收入了“这”字。

**征** “徵”的简化字。“征”和“徵”原是两个不同的字。“征”的本义是远行，“徵”的本义是徵召。后来两字常互相通用。先秦古籍中有许多用“征”代“徵”的例子。如《左传·文公十一年》：“宋公於是以门赏耏班，使食其征。”《孟子·尽心下》：“有布缕之征，粟米之征，力役之征。”其中的“征”通“徵”。《简化字总表》吸收了这一用法，将“徵”简化为“征”。

**证** “證”的简化字。“証”和“證”原为两个不同的字。“証”的本义是谏正，“證”的本义是告发，引申为验证、凭证。由于作“谏正”讲的“証”很少使用，所以被借为“證”使用。唐代敦煌变文写本《妙法莲华经讲经文》和《欢喜国王缘》中已有用“証”代“證”的例子。明代字书《正字通》说：“証，与證通。”1932年《国音常用字汇》和1935年《简体字表》都以“証”作为“證”的简化字。《简化字总表》将“証”类推简化为“证”。（图124，197页）

**郑** “鄭”的简化字。“郑”来源于草书。唐代虞世南作品中的“鄭”与“郑”已很接近。楷化后的“郑”最早出现在清代刊行的《岭南逸史》上。（图125，197页）

**只** “祇”和“隻”的简化字。“只”“祇”和“隻”原是三个不同的字。“只”原为语气词；“祇”是副词，表示“仅仅”的意思；“隻”是量词。

“只”和“祇”很早就通用了，南朝梁刘孝标注《世说新语》引《晋阳秋》：“我只见汝送人作郡，何以不见人送汝作郡？”其中的“只”就是“仅”的意思。

把“只”作为“隻”的简化字，最早见于1932年《国音常用字汇》。

《简化字总表》吸收了这些用法，将“衹”、“隻”都简化为“只”。

**执** “執”的简化字。“执”来源于草书。楷化后的“执”最早出现在宋代刊行的《古列女传》上，在宋元以来的通俗文学刻本中普遍使用。1932年《国音常用字汇》和1935年《简体字表》都收入了“执”字。

**制** “製”的简化字。“制”本义为“裁”，即裁衣，后来引申出制定、制度、限制等意义。由于“制”的引申义应用广泛，所以又造了“製”表示“裁衣”的意思，“製”又用于“製造”。在先秦古籍中有不少用“制”表示“製造”义的例子，如《诗经·豳风·东山》：“制彼裳衣，勿士行枚。”《孟子·梁惠王上》：“可使制梃，以挞秦楚之坚甲利兵矣。”明代的《字汇》也说：“制，造也。”《简化字总表》将“製”简化为“制”，是恢复了最初的用法。

**质** “質”的简化字。东汉《北海相景君铭》中已有隶书“貭”字。完全简化的“质”最早见于清初刊行的《目连记弹词》。1932年《国音常用字汇》和1935年《简体字表》都收了“貭”字，只有“貝”旁没有简化。（图126，198页）

**致** “緻”的简化字。“致”的本义是送到，引申为达到，“细致”就是细到了一定的程度，因而“致”引申出精密、周密的意义。这一引申义后来写作“緻”。因此，在细緻、精緻的意义上，“致”是“緻”的初文。在先秦古籍中，有许多用“致”表示细致义的用法，如《礼记·月令》：“毋或作为淫巧以荡上心，必功致为上。”其中的“致”即细致的意思。《简化字总表》将“緻”简化为“致”，是恢复了“致”字最初的用法。

**钟** 简化字“钟”对应的繁体字有两个：鍾和鐘。鍾和鐘原为两个不同的字。“鍾”的本义是古时盛酒的器皿，“鐘”的本义是古代的一种打击乐器。在“乐器”这一义项上，“鍾”和“鐘”早已通用。先秦的《诗经·小雅》、南朝的《世说新语》中，都有用“鍾”表示乐器的例子。明代《正字通·金部》：“鍾，

《汉志》黄鐘，《周礼》作鍾《诗》鍾鼓，亦作鐘。古二字通用。”所以把“鍾”和“鐘”合并是有根据的。1932年《国音常用字汇》和1935年《简体字表》都把“鐘”简化为“钟”。《简化字总表》将“钟”进一步类推简化为“钟”。

**众** “衆”的简化字。早在3000多年前的甲骨文中，就有以三个人并列表示“众”的。晋代王羲之的《服食帖》里有“衆”的草体。楷化的“众”最早出现在元代的《古今杂剧三十种》上。1935年《简体字表》收入了“众”字。（图127，199页）

**昼** “晝”的简化字。“昼”来源于草书。楷化后的“昼”最早出现在元抄本《京本通俗小说》上。1935年《简体字表》也收入了“昼”字。

**朱** “硃”的简化字。“朱”的本义是赤心木，后引申出“大红色”的意思，“硃砂”为红色，所以最初就写作“朱砂”。《隋书·西域传·高昌》：“出赤盐如朱，白盐如玉。”此处的“朱”即“硃砂”。“硃”是后起字，人们为了让“朱砂”二字在形式上有联系，就给“朱”加“石”旁写作“硃”。《简化字总表》将“硃”简化为“朱”，是恢复了最初的用法。

**烛** “燭”的简化字。“烛”最早出现在元抄本《京本通俗小说》上。1932年《国音常用字汇》和1935年《简体字表》都收入了“烛”字。

**筑** “築”的简化字。“築”和“筑”原为两个不同的字。“筑”的本义是古代击弦乐器；“築”的本义是捣土用的杵，后来产生了“建造”等意义。“筑”和“築”很早就通用了。抄写于战国末和秦初的睡虎地秦墓竹简中就有以“筑”代“築”的用法：“春三月庚辰，可以筑羊卷（圈），即入之，羊必千。”此处“筑”即“築”。现代建筑工程方面也普遍用“筑”代“築”。（图128，199页）

**专** “專”的简化字。“专”来源于草书。汉代的居延简中，作偏旁的“專”已有比较简略的写法。晋代以后的草书中，有大量跟现行简化字字形相近的“專”的草体，如西晋索靖和东晋王献之写的“專”。楷化后的“专”最早出现在清初刊行的《目连记弹词》上。（图 129，200 页）

**妆** “妝”的简化字。“妆”来源于草书。元代廼贤的墨迹中“妝”的字形与今简化字完全相同。

**庄** “莊”的简化字。“庄”来源于草书。唐代的《干禄字书》和明代的《正字通》都收入了“庄”，并注明是“莊”的俗字。1932 年《国音常用字汇》和 1935 年《简体字表》都收了“庄”字。（图 130，201 页）

**装** “裝”的简化字。“装”来源于草书。楷化后的“装”最早见于金代的《改并四声篇海》。元抄本《京本通俗小说》以及后来各代的通俗文学刻本中都有楷化的“装”字。

**壮** “壯”的简化字。“壮”来源于草书。东晋王羲之的书法作品《黄庭经》中已有跟现行简化字完全一样的“壮”字。唐代《干禄字书》也收入“壮”字。金代的《改并四声篇海》将“壮”字收入。（图 131，202 页；图 132，203 页）

**状** “狀”的简化字。“状”来原于草书。汉代的敦煌简中已有与现行简化字字形相近的状字。楷化后的“状”最早见于唐代《干禄字书》。明代字书《正字通》注：“狀，俗作状。”1935 年《手头字第一期字汇》也收入了“状”字。（图 133，204 页）

**准** “準”的简化字。“准”和“準”原为两个不同的字。“准”用于“批准”、“准许”等词，“準”用于“标準”、“準确”等词。但两字在古代已经通用。《战国策·中山策》：“若乃其眉目准頞权衡，犀角偃月，彼乃帝王之后，非诸侯之姬也。”汉《桐柏庙碑》：“准则大圣。”其中的“准”通“準”。南北朝时的《玉篇》收入“准”，作为“準”的俗字。（图 134，205 页）

**浊** “濁”的简化字。“浊”最早出现在元代刊行的《古今杂剧三十种》上。

**总** “總”的简化字。“总”最早出现在明末的官府文书档案《兵科抄出》和清初刊行的《目连记弹词》上。

〈**简化偏旁**〉

**讠** “訁”（言字旁）的简化写法。“讠”最早出现在汉代的居延简上（记、计等字）。“讠”在宋元以来的通俗读物中广泛使用。（图 135，206 页）

**纟** “糹”（绞丝旁）的简化写法。“纟”来源于汉代隶书的草率写法。居延汉简中的“純”字的左偏旁与“纟”接近。楷化后与“纟”完全相同的写法见宋刊本《大唐三藏取经诗话》（纷）。（图 136，207 页）

**収** “臤”的简化写法。“収”来源于草书，东晋王羲之作品中的“堅”的上部与“収”接近。楷化的“収”见宋刊本《大唐三藏取经诗话》。（图 137，208 页）

**𫇦** “𤇾”的简化写法。“𫇦”来源于古隶中的草率写法。抄写于汉初的马王堆一号墓竹简上的“縈”的上部“炏”已简化为“艹”。唐代《皇甫诞碑》上的“榮”写作“荣”，上部与“𫇦”完全相同。1935 年《简体字表》中的“勞”简化作“劳”。（图 138，208 页）

**𠂉** “臨”的简化写法。“𠂉”来源于草书。东晋王羲之作品中的“覽”的上部与“𠂉”接近。楷化后的“𠂉”最早见于元抄本《京本通俗小说》（揽）。1935 年《简体字表》中“覽”简化作“览”。（图 183，240 页）

**⺍** “𦥯”（學字头）的简化写法。“⺍”来源于汉代草书，西汉史游的《急就章》汉章帝千字文断简和东晋王羲之作品中的“𦥯”都和“⺍”基本相同。1935 年《简体字表》收入“学、觉”二字，上部与今简化偏旁“⺍”完全相同。（图 139，209 页）

**⻏** “睪”的简化写法。“⻏”来源于汉代草书。楷化的“⻏”最早见于《太平天国印书》（泽）。

**刭** “巠”的简化写法。“刭”来源于古隶中的草率写法，抄写于战国末至汉初的马王堆汉墓帛书及竹简上面，就有接近“刭”的写法（頸䍃經）。楷化的“刭”最早见于北魏《元璨墓志》（経）。此外，魏晋碑刻中楷化为“刭”的写法相当普遍。（图 140，210 页）

**亦** “䜌”的简化写法。“亦”来源于草书。宋刊本《古列女传》和《大唐三藏取经诗话》中的“变”“恋”，其上部都与“亦”接近。明末字书《正字通》有“栾”（欒），上部为“亦”，与今简化写法相同。1935 年《简体字表》收入“恋、变、蛮、弯、鸾”，上部也都是“亦”。（图 141，211 页）

**呙** “咼”的简化写法。“呙”最早见于清初刊行的《目连记弹词》（剐、過、祸、窝、鍋等字）。

## 第二类

（简化字 49　简化偏旁 3）

**备** “備”的简化字。在南北朝时期的字书《玉篇》上，有根据战国古文字形隶定的俗字“俻”，1932 年《国音常用字汇》和 1935 年《简体字表》都收入了“俻”字。《简化字总表》将“俻”进一步简化为“备”。（图 142，211 页）

**标** “標”的简化字。在南宋刘岑的书法作品中，“標”的写法与“标”字形接近。现代群众将“標”省写作“标”。（图 143，211 页）

**仓** “倉”的简化字。东汉《说文解字》中有古文奇字，清朝刊行的《目连记弹词》《金瓶梅奇书》等书中，“倉”的写法，与“仓”字形相近。（图 144，212 页）

**层** “層”的简化字。“层”来源于草书，明代书法家文征明、祝枝山的作品中有接近“层”的字形。（图 145，212 页）

**谗** “讒”的简化字。隋代《曹子建碑》的“讒”字写作“諩”，明刊本《岳飞破虏东窗记》中，“讒”写作“諩”，都与“谗”字形接近。（图 146，212 页）

**缠** “纏”的简化字。隋代龙藏寺碑的“纏”字写作“緾”，唐开元九年的唐《王府君墓志》“纏”字写作“缠”。《简化字总表》在“缠”上加“、”，以表示其不读lí音。（图 147，213 页）

**车** “車”的简化字。早在汉代的居延简中，就有接近“车”的写法。以后历代的书法作品中，都有与“车”相近的写法，如东晋王羲之作品中的“辈”和金代的《草书韵会》中“車”。（图 148，214 页）

**迟** “遲”的简化字。在西汉前期的银雀山汉墓竹简、稍晚些的居延汉简和东汉《说文解字》一书中“遲”字的字形，都和简化字“迟”接近。（图 149，215 页）

**齿** “齒”的简化字。“齿”来源于草书，楷化后的齿写作“歯”，最早见于元抄本《京本通俗小说》。1935 年《手头字第一期字汇》也收入了“歯”。《简化字总表》将“歯”进一步简化为“齿”。

**带** “帶”的简化字。“带”来源于草书，西汉史游的《急就章》和唐代敦煌变文写本中的“带”，与“带”都非常接近。元刊本《古今杂剧三十种》将其楷化为“带”。（图 150，216 页）

**电** “電”的简化字。西周晚期番生毁中有“電”字，其下部与甲骨文、金文、《说文》古文中的“申”形体相同。有人认为此“申”字即金文“電”下部的“电”，像闪电的形状，为“電”字初文，繁体“電”上面的雨字头是后加上去的。（图 184，240 页）

**发**[1] “發”的简化字。“发”作为“發”的简化字来源于草书，汉代居延、敦煌简和唐代敦煌变文写本中“發”的写法与“发”字形接近。1935 年《简体字表》收入了“發”的简化字

"发"。(图 151，217 页)

**飞** "飛"的简化字。唐代《杜君妻崔素墓志》中"飛"写作"飞"。1935 年《手头字第一期字汇》也将"飛"简作"飞"。《简化字总表》进一步将"飞"简化作"飞"。(图 152，218 页)

**风** "風"的简化字。元抄本《京本通俗小说》中有"風"的简化字"凬"，与"风"较接近。1935 年《简体字表》收入了"凬"字。"风"曾用作"鳳"的简化字，现代群众将其作为"風"的简化字。

**关** "關"的简化字。汉代的居延简中"關"的写法和"关"接近。南朝字书《玉篇》中有"関"字，元初书法家米芾的作品中有"閞"，《简化字总表》又将"閞"的"门"字框去掉，简作"关"。(图 153，218 页)

**壶** "壺"的简化字。"壶"来源于草书。唐代王铎作品中的"壺"与"壶"非常接近。(图 154，219 页)

**浆** "漿"的简化字。在古文字和汉代隶书中，"漿"字的结构与今天的简化字结构相同，即省去声旁"將"中的"寸"，如马王堆汉墓竹简《五十二病方》(抄写于战国末年)和西汉武威医简上"漿"的写法。今天的简化字"浆"继承了古文字和汉隶的结构。(图 155，219 页)

**奖** "奬"的简化字。东汉《说文解字》中有"将犬"，形旁为"犬"(后变为"大")，声旁为"丬夕"，省去"寸"，与今简化字结构相同。(图 156，220 页)

**桨** "槳"的简化字。唐代孙过庭的书法作品中"槳"的字形与"桨"接近。(图 157，220 页)

**酱** "醬"的简化字。东汉《说文解字》中有"牆"，声旁省去"將"中的"寸"，与今天简化字的结构相同。(图 158，220 页)

**亏** “虧”的简化字。由于“虧”的旧印刷字形写作“虧”，所以“虧”最初简化为“亏”，最早见于元刊本《古今杂剧三十种》。1935年《手头字第一期字汇》收入了“亏”字。

**丽** “麗”的简化字。《说文解字》记录的战国古文和《古文四声韵》记录的古文“麗”的写法，都与简化字“丽”的形体接近。1935年《手头字第一期字汇》收入了“丽”字。（图159，221页）

**练** “練”的简化字。“练”来源于草书。元代书法家王蒙作品中的“練”字和简化字“练”非常接近。1935年《简体字表》中有“練”，与“练”稍有差别。

**炼** “煉”的简化字。“炼”来源于草书，1935年《简体字表》收入“炼”，与“炼”形体接近。（图160，222页）

**龙** “龍”的简化字。隋代《龙藏寺碑》和唐代敦煌变文写本中“龍”写作“龙”，元刊本《古今杂剧三十种》中“聾”写作“聋”。“龙”与“龙”都和现行简化字“龙”接近。1935年《手头字第一期字汇》收入了“龙”字。（图161，222页）

**虏** “虜”的简化字。居延汉简上“虜”的写法已将中间的“田”省略。（图162，223页）

**马** “馬”的简化字。“马”来源于草书。在元刊本《古今杂剧三十种》上，“馬”写作“马”，和“马”形体接近。

**买** “買”的简化字。“买”来源于草书，敦煌汉简和明代《草书韵会》中“買”的写法与“买”字形接近。（图64，153页；图163，223页）

**鸟** “鳥”的简化字。“鸟”来源于草书。宋代苏轼手迹中的“鳥”字跟现行简化字鸟比较接近。宋代的《大唐三藏取经诗话》中有楷化的“鳥”，比今简化字“鸟”只多了一横。《简化字总表》在这些字形的基础上，将“鳥”简化为“鸟”。（图164，224页）

**农** “農”的简化字。“农”来源于草书。1936年陈光尧的《常用简字表》中“農”字的写法与“农”接近。《简化字总表》在此基础上，将“農”简化为“农”。（图165，226页）

**岂** “豈”的简化字。“岂”来源于草书。最初的楷化字形作“岜”，出现在元抄本《京本通俗小说》上。1935年《简体字表》收入“岜”字。《简化字总表》作“岂”。（图166，225页）

**佥** “僉”的简化字。“佥”来源于草书，多见于以“佥”为偏旁的字中。汉代史游《急就章》中有“检”字，右部与今天的简化字“佥”完全相同。（图167，226页）

**牵** “牽”的简化字。东晋王羲之《佛遗教经》里有“牵”，清代李贽的作品中有接近“牵”的行草字，清初刊行的《目连记弹词》使用“牵”字。《简化字总表》将“牵”进一步简化为“牵”。（图168，227页）

**庆** “慶”的简化字。“庆”来源于草书，《简化字总表》根据草书形体进一步简化为“庆”。（图169，228页）

**伞** “傘”的简化字。1935年《简体字表》中有“伞”字，《简化字总表》将其进一步简化为“伞”。

**湿** “濕”的简化字。元代刊行的《古今杂剧三十种》《全相三国志平话》里都有“湿”，与现行简化字只有一横之差。《简化字总表》将“湿”进一步简化为“湿”。

**书** “書”的简化字。“书”来源于草书，在居延、敦煌简中广泛使用。《简化字总表》楷化为“书”。（图170，229页）

**肃** “肅”的简化字。“肃”来源于草书。晋代以后历代书法家的墨迹中都有与简化字“肃”相近的草书字形，例如《隋宫人房氏墓志》中的“肅”写作“肃”，隋《张夫人墓志》中“肅”写作“粛”，与“肃”极为接近。《简化字总表》收入了楷化后的“肃”。（图171，230页）

**图** “圖”的简化字。“图”来源于草书。清代刊行的《岭南逸史》中“圖”写作“图”，1935年《简体字表》也收入了

"图"字。《简化字总表》将"图"进一步简化为"图"。

**韦** "韋"的简化字。"韦"来源于草书。汉初的《马王堆汉墓帛书·老子·甲本》中的"韋"已与"韦"接近。两汉、魏晋以后历代书法家的墨迹中，都有与现行简化字字形相近的草体，《简化字总表》将其楷化为"韦"。（图 172，231 页）

**乌** "烏"的简化字。"乌"来源于草书。唐代孙虔礼的墨迹中有与今简化字"乌"接近的字形。《简化字总表》将其楷化为"乌"。（图 173，232 页）

**显** "顯"的简化字。元代刊行的《古今杂剧三十种》以及后来的通俗文学刻本中都把"顯"简化为"显"，《简化字总表》将其进一步简化为"显"。

**写** "寫"的简化字。"写"来源于草书，汉代的居延简中有许多与现行简化字"写"相近的字形。《简化字总表》将其进一步楷化为"写"。（图 174，232 页）

**悬** "懸"的简化字。清初刊本《目连记弹词》和《金瓶梅奇书》中已有与现行简化字相近的简体悬、悬，《简化字总表》将其进一步简化为"悬"。

**寻** "尋"的简化字。东晋王羲之的墨迹中已有"尋"简化了的草体，北魏《奚康生造象碑》作"寻"。《简化字总表》将它们进一步简化、楷化为"寻"。（图 175，233 页）

**亚** "亞"的简化字。"亚"来源于草书。唐代裴休等书法家的墨迹中有跟现行简化字极相近的草体。《简化字总表》将其楷化作"亚"。（图 176，234 页）

**严** "嚴"的简化字。明代刊行的《岳飞破虏东窗记》和清初刊行的《目连记弹词》上有"嚴"的简体"厳"，《简化字总表》将其进一步简化为"严"。

**盐** "鹽"的简化字。南北朝时的《玉篇》、北魏的《石门铭》中都有"塩"字。1932 年《国音常用字汇》收了"塩""圤"两个简体，1935 年《简体字表》也收了"塩"字。《简化字总

表》综合上述两种写法，把“鹽”简化为“盐”。（图 177，235 页）

**尧** “堯”的简化字。“尧”来源于草书。如明代金闻留写的与现行简化字字形相近的草体，《简化字总表》将这种草体楷化为“尧”。（图 178，236 页）

〈**简化偏旁**〉

**饣** “飠”（食字旁）的简化写法。“饣”来源于汉代草书。居延汉简、敦煌汉简和三国·吴·皇象书写的《急就章》中，“飠”的写法都和“饣”接近。（图 179，236 页）

**𠃓** “昜”的简化写法。“𠃓”来源于汉代草书。敦煌汉简中的“揚”和居延汉简中的“陽”，其右偏旁都和“𠃓”的形体接近。（图 180，237 页）

**钅** “金”（金字旁）的简化写法。居延汉简中（銅）的左偏旁和“钅”的形体接近。（图 181，238 页）

## 第 三 类

（简化字 113　简化偏旁 1）

**肮** “骯”的简化字。“肮”是现代群众创造的新形声字。

**板** 简化字“板”对应的繁体字有两个：闆和板。这两个字意义不同，“板”是木板的“板”，“闆”用于方言词“老闆”（商店主人）。由于两字同音，所以近现代在华南地区“老闆”也写作“老板”。《简化字总表》吸收了这一用法，将“闆”简化为“板”。

**币** “幣”的简化字。“币”在近代金融界通用。

**毕** “畢”的简化字。“毕”是现代群众创造的加声旁的简化字。

**毙**“斃”的简化字。“毙”是现代群众创造的新形声字。

**卜**“蔔”的简化字。“卜”和“蔔”原为两个不同的字，卜读bǔ，是占卜的“卜”，蔔读bo，用于“萝蔔”。由于两字音相近，所以现代群众常用“卜”代“蔔”。《简化字总表》吸收了这一用法，将“蔔”简化为“卜”。

**补**“補”的简化字。“补”是现代群众创造的新形声字。

**灿**“燦”的简化字。“灿”是现代群众创造的新形声字。

**产**“産”的简化字。现代群众创造，省略右下部。

**忏**“懺”的简化字。“忏”是现代群众创造的新形声字，由“歼（殲）、纤（纖）”类推而来。

**偿**“償”的简化字。“偿”是现代群众创造的新形声字。

**厂**“廠”的简化字。现代群众创造，借用了古字“厂”（读hǎn，又读ān）的字形。

**彻**“徹”的简化字。“彻”是现代群众创造的简化字。

**衬**“襯”的简化字。“衬”是现代群众创造的简化字。

**础**“礎”的简化字。“础”是现代群众创造的新形声字，在北方地区广泛流行。

**丛**“叢”的简化字。1935年《手头字第一期字汇》曾经以“从”代“叢”，后来群众又在“从”下加一横，将二字区别开来。

**窜**“竄”的简化字。“窜”是现代群众创造的新形声字。

**导** “導”的简化字。“导”来源于草书，《简化字总表》楷化为“导”。

**邓** “鄧”的简化字。“邓”是现代群众创造的简化字。

**敌** “敵”的简化字。“敌”是现代群众创造的简化字，由“适（適）”类推而来。

**动** “動”的简化字。“动”是现代群众创造的简化字。

**斗** “鬥”的简化字。“斗”和“鬥”原为两个不同的字，“鬥”读 dòu，是争斗的意思，“斗”读 dǒu，是量具。“鬥”又写作“鬦”，现代群众就去掉外框“鬥”，取音近的“斗”代替“鬥”字。

**队** “隊”的简化字。“队”是现代群众创造的简化字。

**吨** “噸”的简化字。“吨”是现代群众创造的简化字。

**儿** “兒”的简化字。“儿”是现代群众创造的简化字，省略上部。

**发**[2] “髮”的简化字。在“發”字简化为“发”之后，因“髮”的下部和“发”接近，發、髮的读音也接近，所以现代群众将“髮”也简化为“发”。

**矾** “礬”的简化字。“矾”是现代群众创造的新形声字。

**沟** “溝”的简化字。“沟”是现代群众创造的新形声字，曾在华北地区流行。

**购** “購”的简化字。“购”是现代群众创造的新形声字，在商店中广泛使用。

**护** “護”的简化字。“护”是新中国成立前流行于解放区的简化字，后来又在全国通行。

**划** “劃”的简化字。“划”本读huá，即划船的“划”。“劃”读huà，用于计划（劃）；又读huá，指用刀把东西分开或擦过。由于两字有相同读音，所以现代群众常用“划”代“劃”。

**华** “華”的简化字。“华”是现代群众创造的加音符的简化字。

**击** “擊”的简化字。“击”是现代群众创造的简化字。

**积** “積”的简化字。“积”是现代群众创造的简化字。

**极** “極”的简化字。“极”是现代群众创造的简化字。

**歼** “殲”的简化字。“歼”是现代群众创造的新形声字。

**舰** “艦”的简化字。“舰”是现代群众创造的新形声字，首先在海军中通用。

**姜** “薑”的简化字。“姜”和“薑”原为两个不同的字，“姜”是姓，“薑”是生姜的姜（薑）。由于两字同音，近代在中医师的药方和药店里常用“姜”代替“薑”。1923年钱玄同在他写的《汉字革命》这篇文章中曾提到这种用法。

**讲** “講”的简化字。“讲”是现代群众创造的新形声字。

**胶** “膠”的简化字。“胶”是现代群众创造的新形声字。

**阶** “階”的简化字。“阶”是现代群众创造的新形声字，新中国成立前在解放区流行。

**疖** “癤”的简化字。“疖”是现代群众创造的简化字。

**洁** “潔”的简化字。“洁”是现代群众创造的新形声字。

**仅** “僅”的简化字。“仅”是近代群众创造的简化字。1935年《简体字表》“说明”中提及，因属“偶见”，未采用。

**进** “進”的简化字。“进”是现代群众创造的新形声字。

**剧** “劇”的简化字。“剧”是现代群众创造的新形声字。

**开** “開”的简化字。“开”是现代群众创造的简化字。

**垦** “墾”的简化字。“垦”是现代群众创造的简化字。

**蜡** “蠟”的简化字。“蜡”和“蠟”原为两个不同的字，“蜡”读zhà，指古代年终大祭万物，“蠟”读là，是蜡烛的“蜡（蠟）”。现代群众借用“蜡（zhà）”的形体，作为“蠟”的简化字。

**兰** “蘭”的简化字。“兰”来源于草书，本为藍的简体，《简化字总表》将其作为“蘭”的简化字。

**拦** “攔”的简化字。“拦”是现代群众创造的新形声字。

**栏** “欄”的简化字。“栏”是现代群众创造的新形声字。

**烂** “爛”的简化字。“烂”是现代群众创造的新形声字。

**隶** “隸”的简化字。“隶”本读dài，是“逮”的初文。现代群众借用这个形体作为“隸”的简化字。

**辽** “遼”的简化字。“辽”是现代群众创造的新形声字。

**疗** “療”的简化字。“疗”是现代群众创造的新形声字，曾在医学界通用。

**猎** “獵”的简化字。“猎”本来有两个意思：（一）音xī，是古代传说中一种像熊的兽。（二）què，同“猉”，良犬名。但这两个意思都不常用。因此，人们参照“腊”“蜡”的简化方法，借用“猎”作为“獵”的简化字。

**岭** “嶺”的简化字。“岭”是现代群众创造的新形声字。

**卢** “盧”的简化字。“卢”是现代群众创造的简化字。

**卤** “鹵”和“滷”的简化字。鹵、滷的主要意义相同，《集韵》：“滷、本鹵。”宋代《韵会》中曾出现过省去四点的草书写法“滷”。现代群众省去“滷”的“氵”，以“卤”作为“鹵”“滷”的简化字。

**录** “録”的简化字。“录”是现代群众创造的简化字。

**虑** “慮”的简化字。“虑”是现代群众创造的简化字，由草书楷化而来。

**面** “麵”的简化字。“面”和“麵”是两个不同的字，“面”指脸部，“麵”是粮食。因两字同音，所以近代群众用“面”代替“麵”，在商店中普遍使用。钱玄同在1923年发表的《汉字革命》一文中曾提到这种用法。

**灭** “滅”的简化字。“灭”是现代群众创造的新会意字。

**酿** “釀”的简化字。“酿”是现代群众创造的新形声字。

**宁** “寧”的简化字。“宁”是现代群众创造的简化字。

**疟** “瘧”的简化字。“疟”是现代群众创造的简化字。

**盘** “盤”的简化字。“盘”是现代群众创造的简化字。

**纤** 简化字“纤”对应的繁体字有两个：縴和纖。这两个字音和义都不同。“縴”读 qiàn，指拉船用的绳子，纖”读 xiān，细小的意思。由于这两个字笔画繁多复杂，现代群众就把它们的声旁都换成“千”，成为新的形声字。

**窍** “竅”的简化字。“窍”是现代群众创造的新形声字。

**曲** “麯”的简化字，“麯”和“曲”原为两个不同的字，“曲”是弯曲的“曲”，“麯”是酒曲的意思。由于两字同音，而且“麯”的声旁是“曲”，所以现代群众用“曲”代替“麯”，这一用法在商店中普遍使用。《简化字总表》吸收了这一用法，将“麯”简化为“曲”。

**扰** “擾”的简化字。“扰”是现代群众创造的新形声字。

**认** “認”的简化字。“认”是现代群众创造的新形声字。

**涩** “澀”的简化字。“涩”是现代群众造的新简化字，省去了原字形的一部分。

**审** “審”的简化字。“审”是现代群众创造的新形声字。

**胜** “勝”的简化字。“胜”和“勝”原为两个不同的字。“胜”本同“腥”，读作 xīng；“勝”的本义是能承担、禁得起，后来又有“胜利”的意义。现代群众把“勝”的右半边“劵”换成“生”，创造了新形声字“胜”，由于读 xīng 的“胜”已经不用，所以“胜（shèng）”和“胜（xīng）”不会发生混淆。《简化字总表》吸收了这个写法。

**适** “適”的简化字。“适”是现代群众创造的新形声字。

**术** “術”的简化字。“術”和“术”音、义都不同，“术”指白术、苍术，读 zhú，“術”用于技术（術）等。现代群众把

"術"的两边省去，保留"术"，与"术（zhú）"字同形。《简化字总表》吸收了这个写法，将"術"简化为"术"，并注明"中药苍术、白术的术读 zhú"。

**树** "樹"的简化字。"树"是现代群众创造的简化字。

**苏[2]** "囌"的简化字。"苏"本为"蘇"的简化字，"蘇"和"囌"原为两个不同的字，"蘇"的本义是一种植物，叫紫蘇，"囌"用于方言词"嚕囌"，意思同"啰唆"。近代"蘇"简化为"苏"。由于蘇囌两字同音，所以《简化字总表》将"囌"也简化为"苏"。

**台[2]** "颱"的简化字。"颱"是颱风的"颱"，现代群众将其简化为"台"，《简化字总表》吸收了这一用法，将"颱"简化为"台"。

**态** "態"的简化字。"态"是现代群众创造的新形声字，曾在解放区流行。

**坛[2]** "罎"的简化字。"坛"本是"壇"的简化字，由于"罎"的异体字"壜"也是土字旁，所以《简化字总表》将"罎"也简化为"坛"。

**誊** "謄"的简化字。"誊"是现代群众创造的简化字。

**团** 简化字"团"对应的繁体字有两个：團和糰。这两个字意义不同。"團"的本义是圆形，引申为圆形物或把东西揉弄成圆球形；"糰"是指米或粉制成的球形食品。现代群众把"團"简化为"团"。由于"糰"和"團"意义有联系，所以《简化字总表》将"糰"和"團"合并简化为"团"。

**椭** "橢"的简化字。"椭"是现代群众创造的简化字。

**卫** "衛"的简化字。"卫"是现代群众创造的简化字，曾在解放区流行。

**习** “習”的简化字。“习”是现代群众创造的简化字，曾在老解放区通行。

**咸** “鹹”的简化字。“鹹”和“咸”原为两个不同的字。“咸”是“全”、“都”的意思，“鹹”指像盐那样的味道。由于两个字读音相同，所以现代群众就用“咸”代“鹹”。《简化字总表》吸收了这一用法，把“鹹”简化为“咸”。

**宪** “憲”的简化字。“宪”是现代群众造的新形声字。

**乡** “鄉”的简化字。“乡”是现代群众创造的简化字。

**胁** “脅”的简化字。“胁”是现代群众仿照“协”创造的新简化字。

**旋** 简化字“旋”对应的繁体字有两个：鏇和旋。“旋”指转动，“鏇”在古代指“以绳转轴裁木为器”，现代的机械加工中的“鏇”指回旋着切削，形式相仿。“鏇”是由“旋”派生出的词，“旋”与“鏇”是母字与分化字的关系。《简化字总表》规定以“旋”代“鏇”，只是省去了一个后起的分化字。

**厌** “厭”的简化字。“厌”最早见于1936年陈光尧《常用简字表》。

**钥** “鑰”的简化字。“钥”是现代群众创造的新形声字。

**业** “業”的简化字。“业”是现代群众创造的新简化字。

**叶** “葉”的简化字。“葉”和“叶”原为两个不同的字，两字意义不同，在普通话中读音也相差很远，“叶”读xié，同“协”，“葉”读yè，是“葉子”的“葉”。但由于两字在古音和吴方言中读音相近，所以现代苏州等地的群众开始把茶葉、百葉的“葉”写作“叶”。钱玄同在1922年出版的《国语月刊·汉字改革号》上提到过这种用法。《简化字总表》吸收了这一用法，将“葉”简化为“叶”。但注明“叶韵”的“叶”仍读xié。

**艺** “藝”的简化字。“艺”是现代群众创造的新形声字，曾在解放区流行。

**佣** “傭”的简化字。“佣”(yōng)是现代群众创造的新形声字。

**拥** “擁”的简化字。“拥”是现代群众创造的新形声字，曾在解放区流行。

**痈** “癰”的简化字。“痈”是现代群众创造的新形声字。

**忧** “憂”的简化字。“忧”是现代群众创造的新形声字。

**邮** “郵”的简化字。现代群众把“郵”的左边“垂”换成“由”，创造了新形声字“邮”。

**吁** “籲”的简化字。“籲”和“吁”原为两个不同的字。“吁”有两个读音：xū和yù。读xū时是叹气的意思，读yù时的意思是应答声。“籲”用于呼籲。由于“吁”也读yù，跟“籲”同音，所以《简化字总表》采用同音代替的方法，将“籲”简化为“吁”。

**跃** “躍”的简化字。“跃”是现代群众创造的新形声字.

**运** “運”的简化字。“运”是现代群众创造的新形声字。

**酝** “醖”的简化字。“酝”是现代群众创造的新形声字。

**脏**[2] “髒”的简化字。1936年陈光尧《常用简字表》以“脏”作为“臟”的简化字，因“髒”与“臟”读音接近，所以《简化字总表》将两字合并简化为“脏”。

**症** “癥”的简化字。“癥”和“症”原为两个音、义不同的字，“症”读zhèng，指病象，泛指疾病，如病症、不治之症；

“癥”读 zhēng，用于“癥结”，指腹腔内结块的病，后比喻事情弄坏或不能解决的关键。由于两字读音相近，意义也都跟疾病有关，所以现代群众就用“症”代替“癥”。《简化字总表》吸收了这一用法，将“癥”简化为“症”。

**肿** “腫”的简化字。“肿”是现代群众创造的新形声字。

**种** “種”的简化字。“種”和“种”原为两个不同的字，“种”读 chōng，原是幼小的意思，现在一般用于姓氏。“種”用于種子读 zhǒng，用于種植读 zhòng。《简化字总表》仿照“钟”、“肿”的简化方法，将“種”简化为“种”。

**桩** “樁”的简化字。“桩”是现代群众创造的新形声字。

**钻** “鑽”的简化字。“钻”是现代群众创造的新形声字。

〈**简化偏旁**〉

**只** “戠”的简化写法。“戠”简化为“只”是现代群众创造的。

注释：

①“汇”字无出处，但因其对应的“匯”“彙”两繁体字有通用先例，故归入第一类。

②“获”字无出处，但因其对应的“獲”“穫”两繁体字有通用先例，故归入第一类。

③“儘”简作“尽”无出处，但因“儘”本写作“盡”，而“盡”作“尽”有出处，故“尽（儘）”也归入第一类。

④“历”字无出处，但因其对应的繁体字“歷”“曆”本都写作“歷”，故归入第一类。

⑤“兽”字无出处，但因其对应的“獸”“嘼”两繁体字有通用先例，故归入第一类。

⑥“檯”简作“台”无出处，但因“檯”与“臺”有通用先例，而“臺”简作“台”有出处，故“台（檯）”也归入第一类。

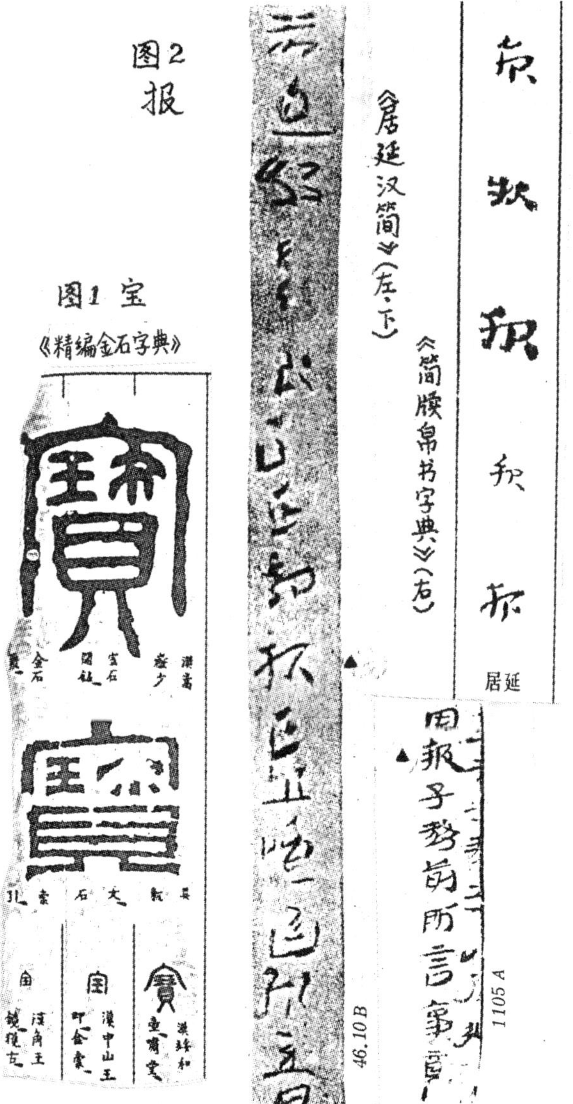


图2 报

图1 宝

图3 贝

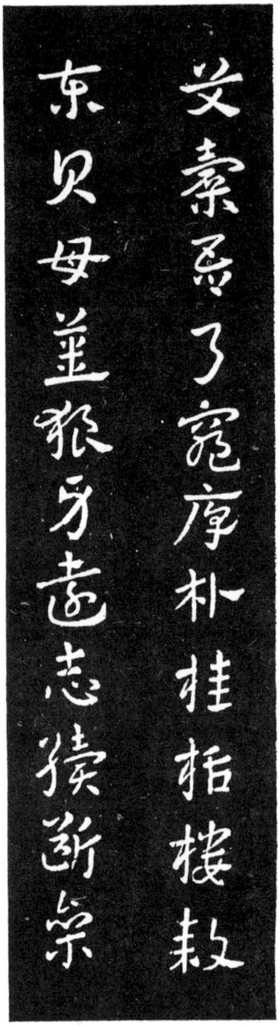

史游 急就章 14

居延簡

（卖） （贯） （贱）

《碑别字新编》 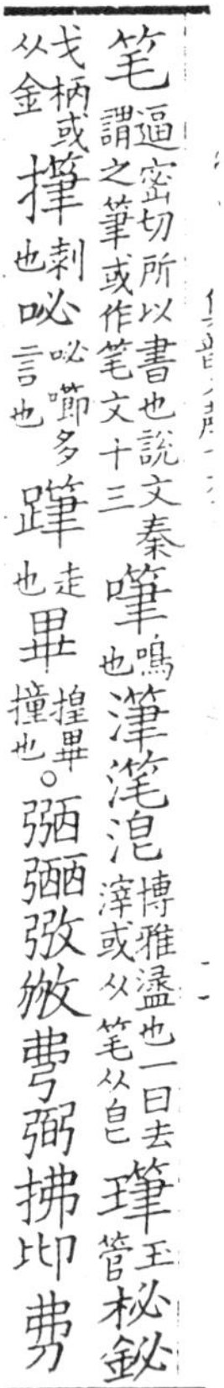 《集韵》

图4 笔

图5 蚕

我皇帝欲清四海，先誡六宮。令知織婦之劬勞，交識蚕家之忙迫。皃(貌，下同)無粧飾，手有胼胝。機梭抛處即辛勤，錦綺着時令愛惜。

蚕家辛苦尚難裁，終日何曾近鏡臺；
葉似蠅頭□得大，蚕如蟻脚養將來。
半羅蠒就新蟬叫，一絡絲成舊債催；
所以聖人誡宮女，莫將羅綺掃塵埃。

我皇每臨美饍，嘗念耕夫。憂水旱之不調，恐賦租之難辦。所以每宣品饌，不苦烹炮。重顆粒以如珠，惜生靈之若子。

每念田家四季忙，支持閫得滿倉箱；
髮於鬢上剛然白，麥向田中方肯黃。
晚日照身歸遠舍，曉鶯啼樹去開荒；
農人辛苦官家見，輸納交伊自手量。

我皇帝國奢示人以儉，國儉示人以禮。所以兢兢在位，惕惕憂民。操持契合於天心，淡素恭修於王道。意欲永安囹圄，長息烽煙。興解網之仁慈，開結繩之政化。聖明兩備，畏愛雙彰。實爲五運之尊，眞是兆民之主。

招心平感國清平，賞罰皆依天道行；
雨露洗來怨氣盡，皇風吹□瑞煙開。

图6 长

《敦煌汉简》
（左、上）

《居延汉简》
（下）

23

史游　急就章　22

图7 尝

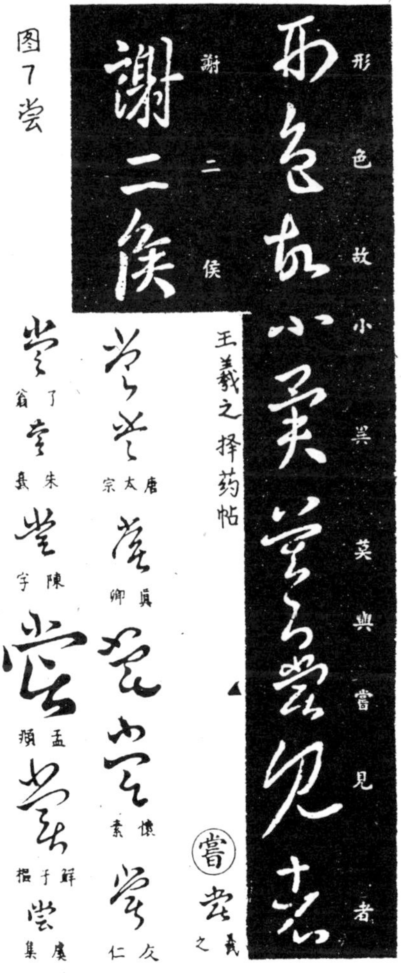

形色故小異莫與嘗見者

謝二侯

王羲之择药帖

嘗

羲之

唐太宗

眞卿

懷素

友仁

了翁

朱熹

陳字

孟頫

鮮于樞

虞集

《草书大字典》

图8 虫

《隶辨》

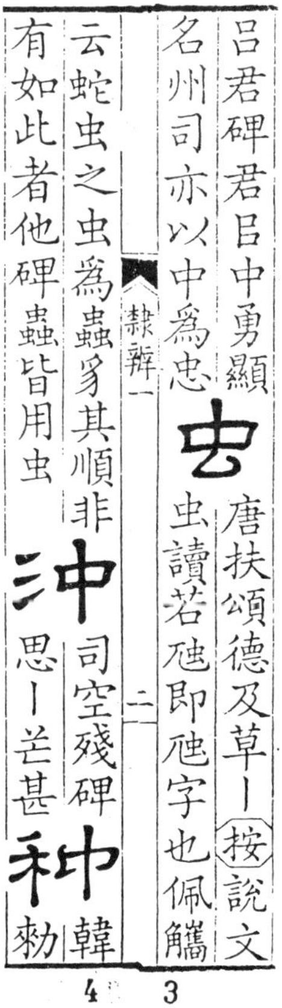

吕君碑君吕中勇顯

名州司亦以中爲忠

隸辨一

虫

唐扶頌德及草丨按說文

虫讀若虺即虺字也佩觿

云蛇虫之虫爲蟲豸其順非

中

司空殘碑

中

韓

有如此者他碑蟲皆用虫

沖

思丨茫甚

种

勑

二

4

3

图9 刍

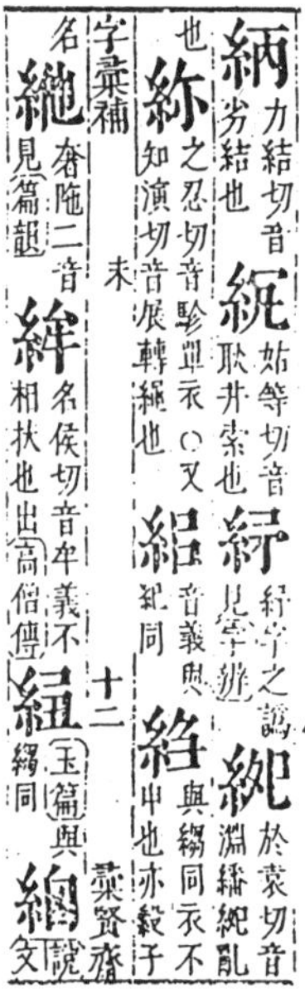

緉力結切音劣結也 絘姑等切音耿井索也 紨紨字之譌見字辨 紀於袁切音淵繙紀亂

也 紾之忍切音軫單衣○又知演切音展轉繩也 絽音義與紀同 絇與綯同衣不中也亦殺子

字彙補 未 十二 榮賢齋

名 纔奢陁二音見篇韻 緈名侯切音牟義不相扶也出高僧傳 緷玉篇與縐同 綢說文

《字汇补》(絇)

图10 辞

永穎勿翦其辭

爨宝子碑

图11 聪

《隶辨》

尖頭聰 議郎元賓碑加有聰 逢盛碑智聰 鄭

檐也 丨明叡哲之才 惠丨哲 烈

碑丨聲瞻於燭物 聰 李翊夫人碑 聰 夏堪碑丨

按玉篇聰同聦 聰 丨達楚樊 聰 口施布

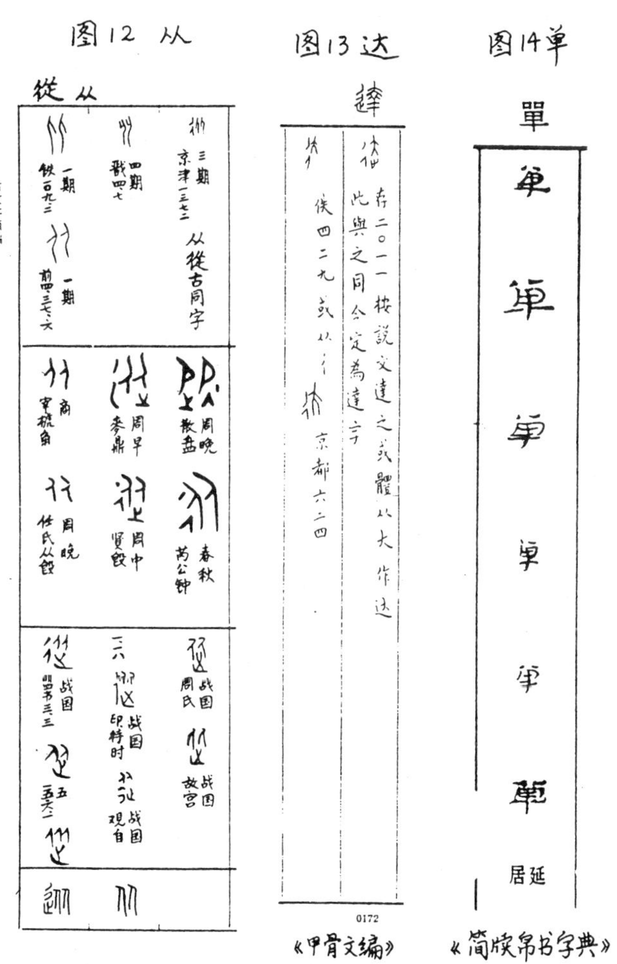

图12 从　图13 达　图14 单

《甲骨文编》　《简牍帛书字典》

图15 当

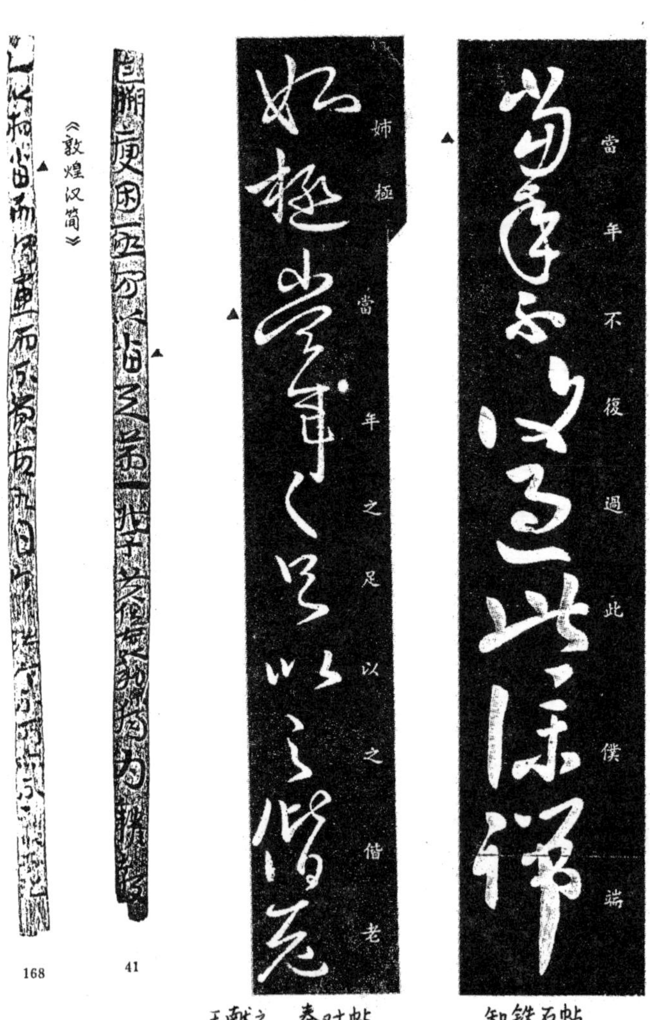


王献之 奉对帖　　知铁石帖

图16 灯

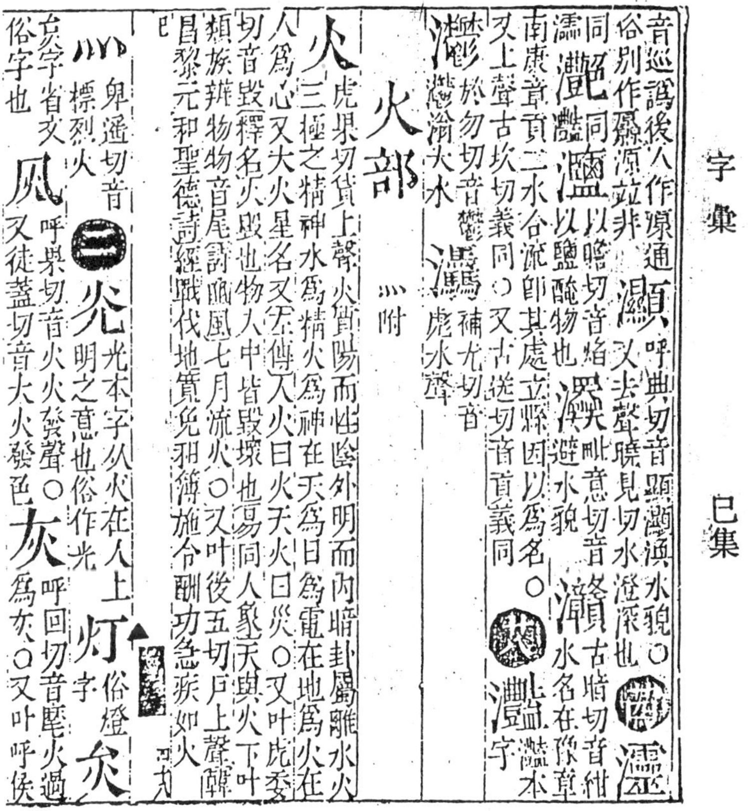

音巡謌後人作㵿通 灝 呼典切音顯灝溪水貌○
俗別作灝源竝非 灝 又去聲曉見切水澄深也 ⊙ 灋
同 灧 同灩 以贍切音焰 濦 䀀意切音 瀿 古賭切音紺
濡 灩 瀘 以鹽醃物也 濦 避水貌 水名在豫章
南康音貢二水合流即其處立縣因以爲名○ ⊙ 灧 灩本
又上聲古坎切義同○又古送切音貢義同 字
灪 於勿切音鬱 灪滃大水 灦 補尤切音 彪水聲

# 火部 灬附

火 虎果切貨上聲火當陽而幽陰外明而內暗卦屬離水火
三極之精神水爲精火爲神在天爲日爲電在地爲火在
人爲心又大火星名又左傳人火曰火天火曰災○又叶虎委
切音毁釋名火毁也物入中皆毁壞也易同人象天與火下叶
類族辨物物音尾詩豳風七月流火○又叶後五切戶上聲韓
昌黎元和聖德詩經戰伐地貰兇羽旆施令酬功急疾如火

巳 四九

灬 卑遙切音標 標烈火 ⊙ 灮 光本字从火在人上 明之意也俗作光 灯 俗燈字 炃
亢字省文 俗字也 风 呼果切音火火發聲○ 又徒蓋切音大火發色 灰 呼回切音𣬛火過 爲灰○又叶呼侯

图17 籴

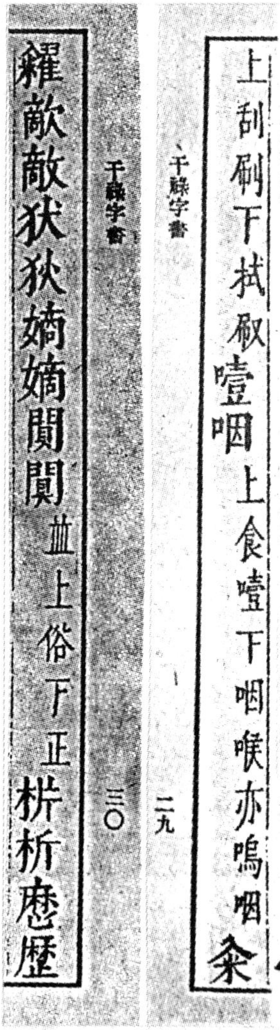

上刮刷下拭敂

噎咽上食噎下咽喉亦嗚咽

籴

干祿字書 二九

糴敵敵狄狄嫡嫡閴閴並上俗下正

析析歷歷

干祿字書 三〇

图18 递

《玉篇》

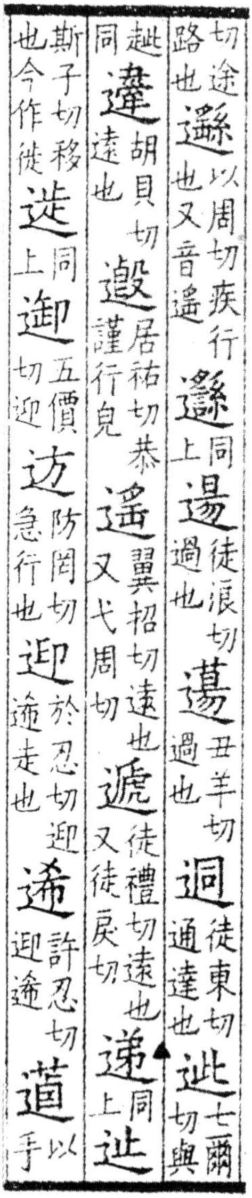

切途路也 遜 以周切疾行也又音遙 遜 上同 逿 徒浪切過也 蕩 丑羊切過也 迵 徒東切通達也 迣 七爾切與

趑同 違 胡貝切遠也 遨 居祐切恭謹行皃 遙 翼招切遠也又弋周切 遞 徒禮切遠也又徒戾切 递 同上 迣

斯子切移也今作徙 䢇 同上 迎 五價切迎 迒 防固切急行也 迎 於忍切迎迒走也 迒 許忍切迎迒 逌 以手

《敦煌汉简》

46

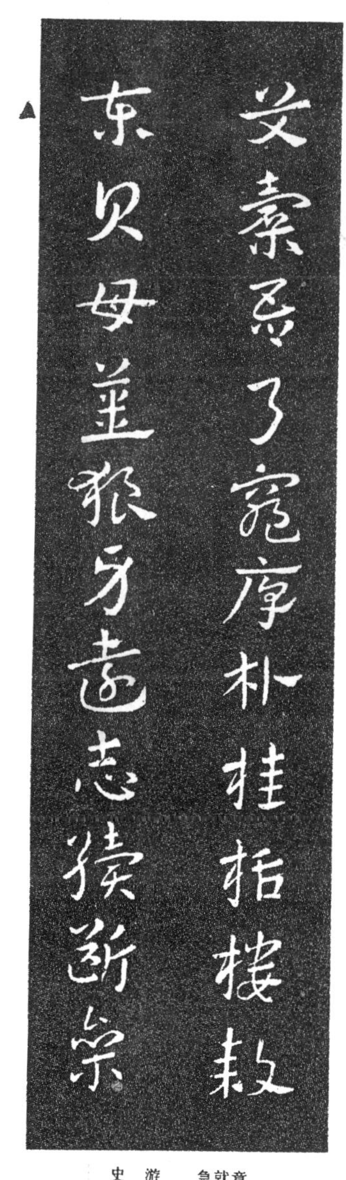

史游　急就章

图19　东

图20 断

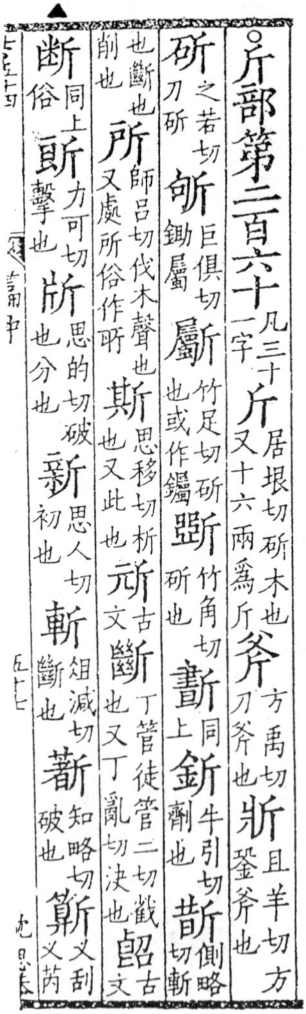

斤部第二百六十 凡三十一字 斤 居垠切斫木也又十六兩爲斤 斧 方禹切刀斧也 斨 且羊切方銎斧也

斫 之若切刀斫 斪 巨俱切鉏斸 斸 竹足切斫也或作钃 斵 竹角切斫也 斲 上同 釿 牛引切劑也 斮 側略切斬

也斷也 所 師呂切伐木聲也又處所俗作㪽 斯 思移切析也又此也 𣃔 古文 斷 丁管徒管二切截也又丁亂切決也 㫁 古文

斷 俗 斪 力可切擊也 析 思的切破也分也 新 思人切初也 斬 俎減切斷也 斮 知略切破也 斳 乂刮切乂芮

315

《玉篇》

图21 墮

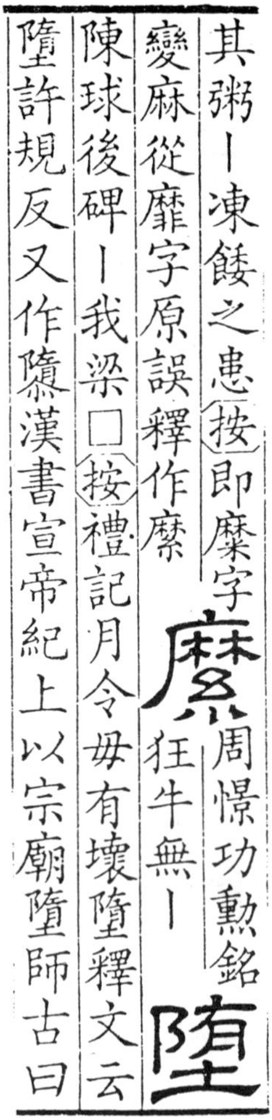

其粥丨凍餧之患〔按〕即糜字

變麻從靡字原誤釋作縻

縻 周憬功勳銘 狂牛無丨

墮 陳球後碑丨我梁□〔按〕禮記月令毋有壞隋釋文云

隓許規反又作隳漢書宣帝紀上以宗廟隓師古曰

《隶辨》

图22 尔

爾 尔

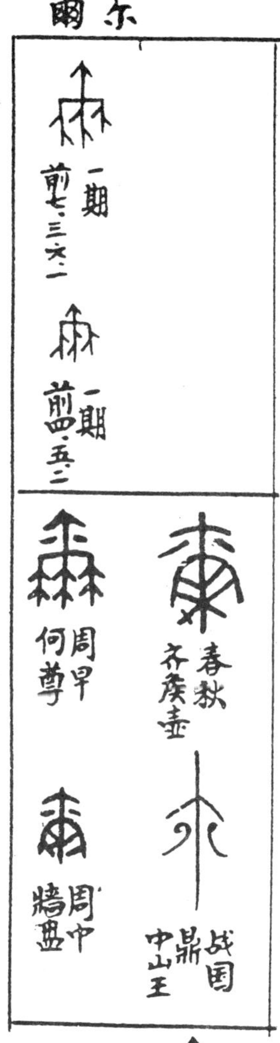


古文字類編

王羲之 极寒帖

图23范　　《隶辨》

或從巴皆偏匇㔾字也相混無别

**范** 張納碑陰安漢丨謀

**範** 張平子碑自洪丨彝倫按玉篇範與笵同其字從竹碑變從艸

**範** 綏民校尉熊君碑曾祖父丨

**范** 劉衡碑師訓之丨隸釋云以范爲範按書洪範古文尚書作鴻范禮記禮運范金合土少儀祭左右軌范乃飲荀子形范正金錫美太玄經國家之矩范也範皆作范又司空殘碑納我鎔范範亦作范范與笵說文不同笵法之笵字當從竹從艸者艸也姓也古蓋通用

**范** 楊著碑喪茲師丨隸釋云以師范爲師範

**柉** 逢盛碑制中园丨隸釋云借柉爲笵按類篇舥或作柉博雅云舥謂之舤

**犯** 鄭固碑丨顔謇愕

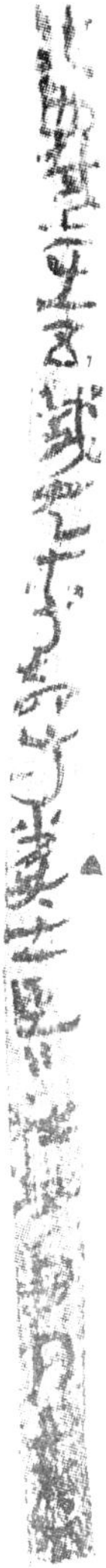

图24 粪

《敦煌汉简》

118

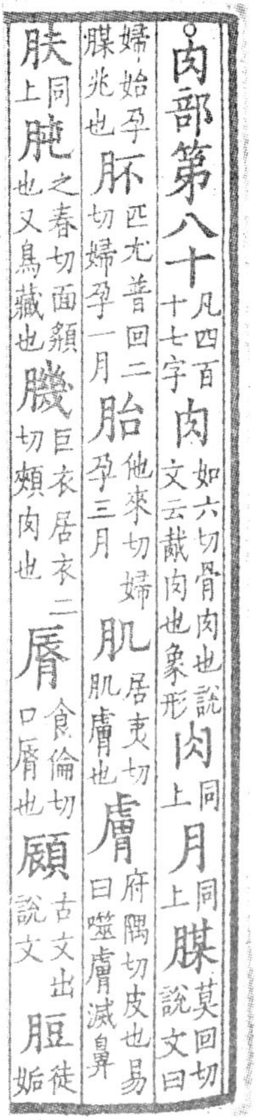
肉部第八十 凡四百十七字 肉 如六切骨肉也說文云胾肉也象形 肉 同上 月 同上 腜 莫回切說文曰婦始孕腜兆也 胚 匹尤普回二切婦孕一月 胎 他來切婦孕三月 肌 居夷切肌膚也 膚 府隅切皮也易曰噬膚滅鼻 肤 同上 肫 之春切面額也又鳥藏也 ⿰月幾 巨衣居衣二切頰肉也 脣 食倫切口脣也 ⿸厂頁 古文出說文 脰 徒姤

图25 肤

《玉篇》

北海相景君銘

图26 盖1

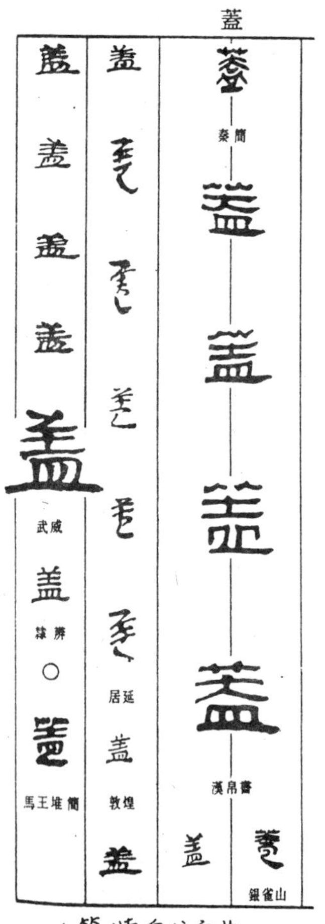


《简牍帛书字典》

图27 盖2

401 张迁碑

衡方碑

衡方碑 306

图28 干 《隶辨》

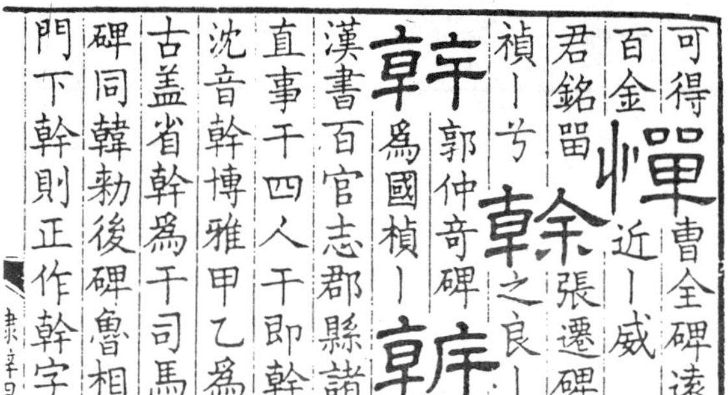

可得百金憚曹全碑遠近丨威旰張公神碑振鱗尾子游丨丨榦北海相景君銘留禎丨兮榦張遷碑國之良丨幹武榮碑內丨三署按說文注云榦今別作幹

幹郭仲奇碑爲國楨丨幹張納功德叙留奐維丨干鄭季宣碑陰直事丨按後漢書百官志郡縣諸曹各有書佐幹主文書此碑有直事干四人干即幹也詩周南公侯干城釋文云干沈音幹博雅甲乙爲幹寅卯爲支史記歷書作干支古盖省幹爲干司馬整碑陰有諸曹干十三人與此碑同韓勑後碑魯相門下幹則正作幹字干景北海碑陰故丨按此碑有故午六人亦即幹字隸

隸辨四

571

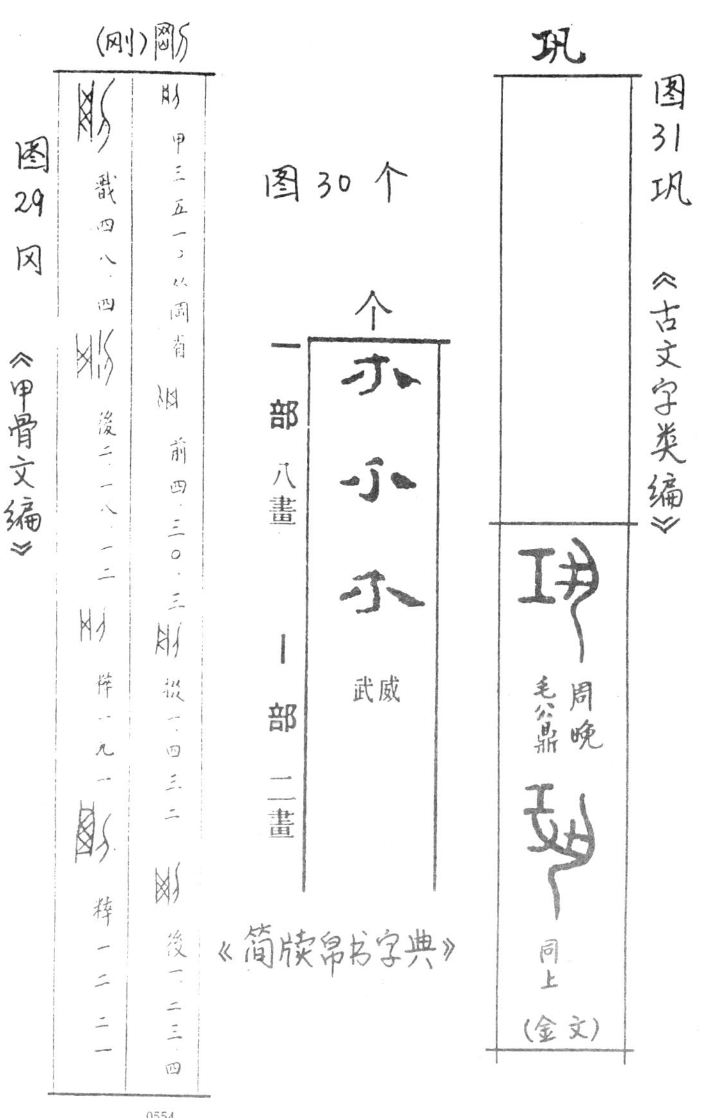

(刚)
图29 冈
《甲骨文编》
甲三五一〇从冈省
前四·三〇·三
掇一·四三二
後一·二三·四
戬四八·四
後二·一八·一二
粹一九一
粹一二二一
图30 个
个
一部 八畫
丨部 二畫
武威
《简牍帛书字典》
巩
图31 巩
《古文字类编》
周晚 毛公鼎
同上
(金文)
0554

| | | |
|---|---|---|
| | 顾 | 顧 |
| | 顾 | 顧 |
| | 顾 | 顧 |

《敦煌俗字谱》

詳顧䅿甚母嫡後稽

詳 顾 稽 甚 母 嫡 後 稽

王羲之

钟繇千字文

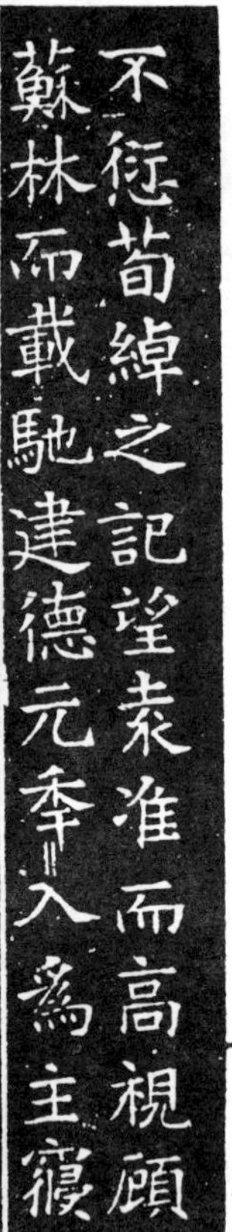

不徙荀綽之記望表淮而高視顧蘇林而載馳建德元年入為主寢

隋·元公墓志

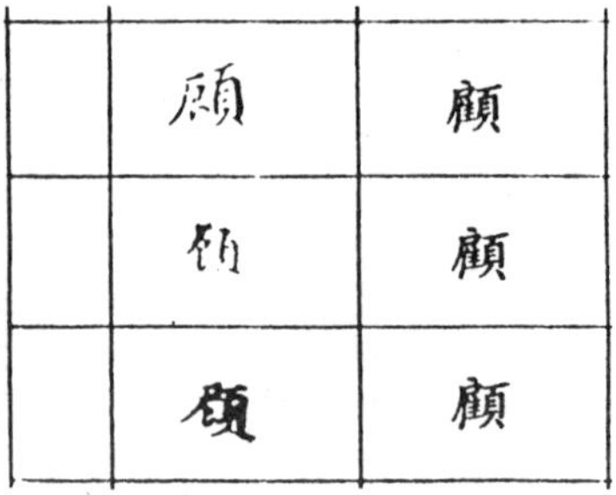

顧

顧 非○音故眷也又迴首曰顧李延年歌有一顧傾人城再顧傾人國寧不知傾城與傾國佳人難再得

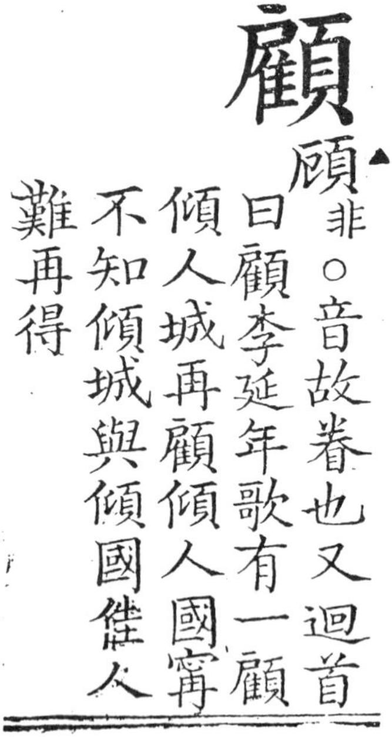

清·《增广字学举隅》

图32 顾

图34 国

甲163

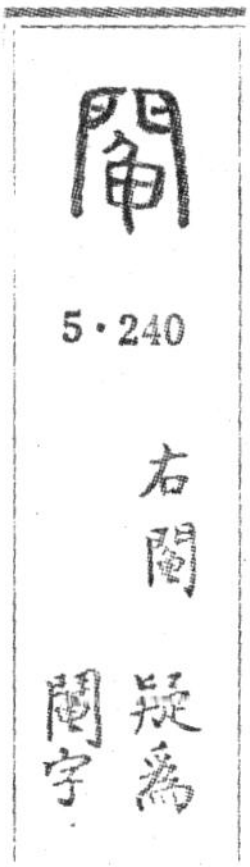

541

1161

甲1597

居延汉简（左）　敦煌汉简（右）

72

人人皆道天年盡，
無計留他這個人。

有於（相）夫人辭王皈舍，父母愛恰（恰），即便檢藥尋醫，擬延女命。国師財見[二七]，盡說不能。卽有一夫人語人曰：「人命無常，色如山水，佛願有偈，聞者由（猶）驚。[偈][二八]云：是日已至，命卽隨陷，如

敦煌變文集　卷六　歡喜國王緣

图33 龟

闟（阉）

5·240

右闟疑爲闟字

《古匋(陶)文字征》

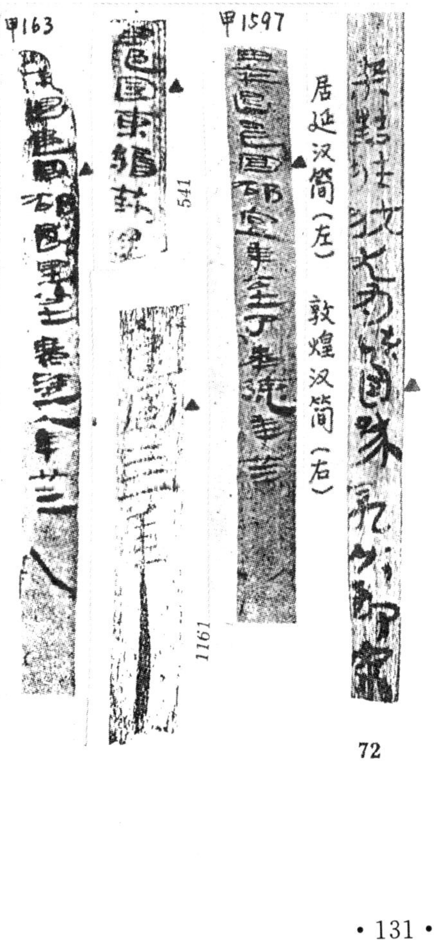

汉章帝　千字文断简

图35 汉

图36 轰

轟

羲之

裴休

韻會

《草书大字典》

故尧伐负海之国而后北方民得不苛伐共工　而后兵寝而不起施而不用其閒数年尧身

二五一

《银雀山汉墓竹简》

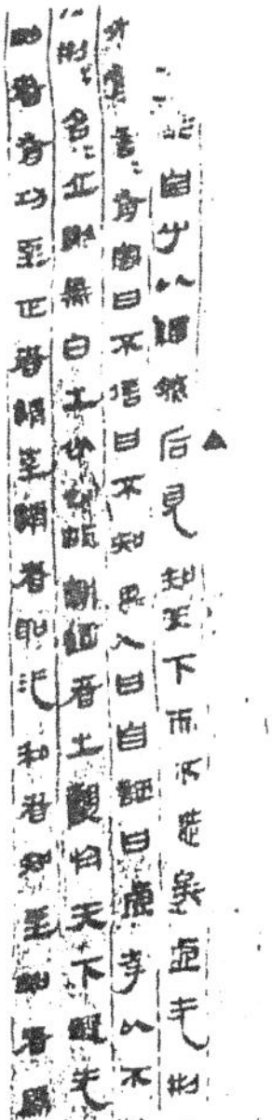

一下　二下　三下　四下

图37 后

《马王堆帛书》

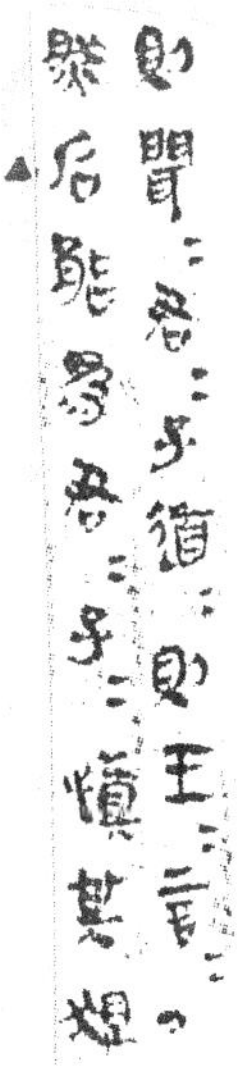

則聞=吾=先循=則王=言=
然后能爲吾=子=慎其煺

一八三　一八四

图39 会

居延汉简

《简牍帛书字典》

图38 还

毗耶離國有菴園，　奈女還生奈花中，
寶樹枝條光色好，　非凡非聖化生身。
祇域还從奈女生，　妙通法術救衆生，
能療衆病一切差，　國稱之宝大醫王。
父號祇婆慈愍賢，　下針之疾立輕便，
名高八國爲長者，　廻喪起死閻浮中。
祇域思念牟尼尊，　明旦勑家俱詣佛，

敦煌變文集　卷七　溫室經講唱押座文

图40 继

継

陳球後碑嬀汭丨雲

按廣韻継俗繼字

《隶辨》

南朝·宋　爨龙颜碑　58

图 41 

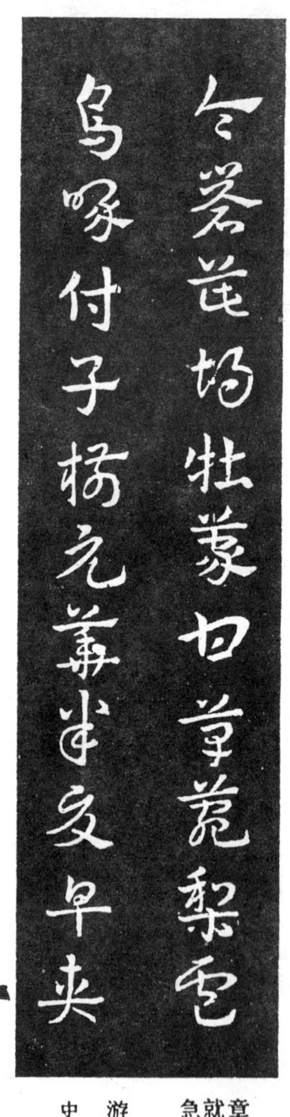

史 游　急就章

汉·曹全碑　370

图42

监

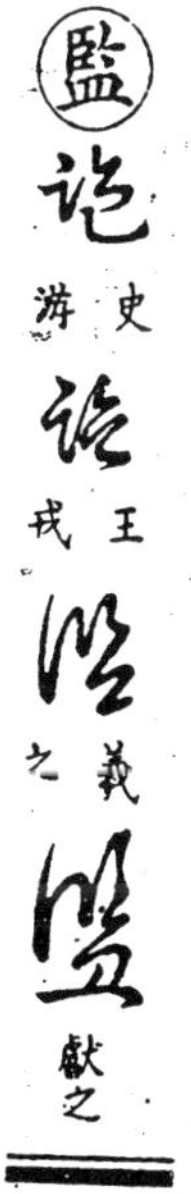

監
史游
王戎
羲之
獻之

《草书大字典》

監

監
魏太監孟元華墓誌
臨
魏巨始光造象
监
隋寇遵考墓誌

《增订碑别字》

图43

拣

《草书大字典》

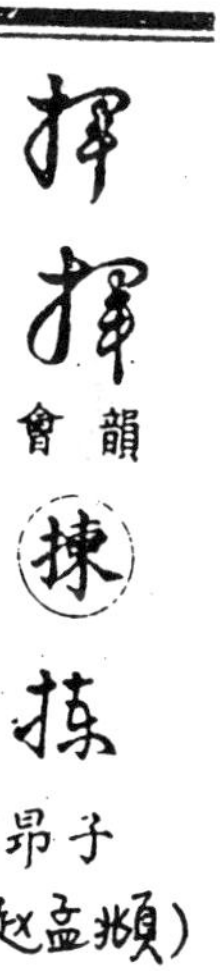

揀
韻會
揀
子昂（赵孟頫）

图44 茧

《增订注解国音常用字汇》

上〔ㄐㄧㄢˇ jean〕

柬 己岸切○❶與「揀」通，選擇。❷與「簡」通，謂信件、名刺等。(説文音母六下，柬部)

揀 ❶選擇。❷同「撿」(2)(3)(4)。

梘 同「筧」。

簡(簡、简) ❶古代寫字用之竹版。❷書信。❸閱。❹選，分別。❺略，要略。❻謂任命官吏。❼慢忽。❽四川省舊州名，卽今簡陽縣。❾姓。

繭(璽、茧) ❶蠶將成蛹時吐絲而成之巢。❷與

▲

—186—

图45 见

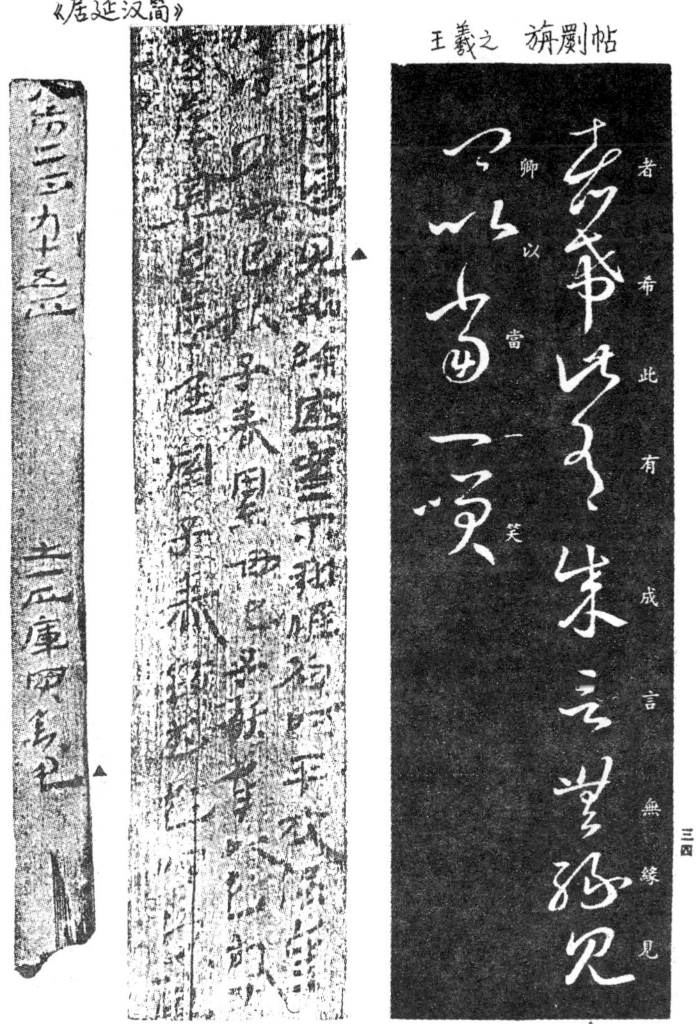

图46

将

《居延汉简》

1291

3
《敦煌汉简》

59　爨龙颜碑（南朝·宋）

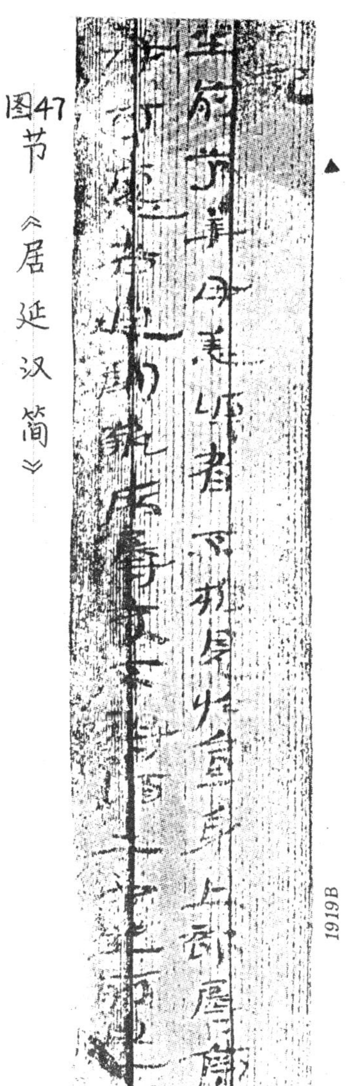


图47 节 《居延汉简》

图48 竟

《敦煌变文集补编·维摩碎金》

123 尺劍下。堦前砌伴（畔），清泉之逺竹潺潺；林下

124 溪邊，雪擔之搖風切切。莫不各誇富貴，

125 竟（競）罕奇花（華），騎俊（駿）馬於長途，掛錦袍於

126 店陌。嬪妃寨下，春鷃呼万歲之聲；

127 姚嘿（監）堂前，秋燕語千般之韻。而又紅樓醉後，

《敦煌汉简》

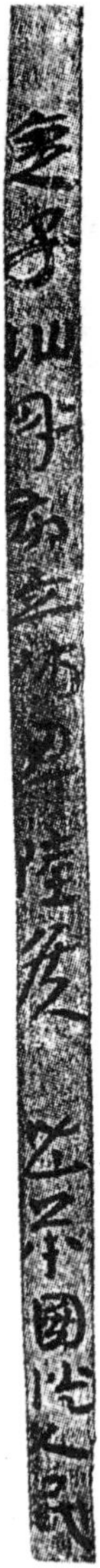

图49 举

图50 惧

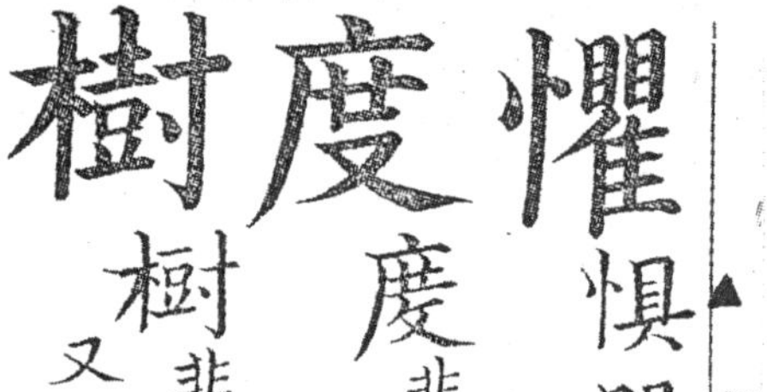

懼 度 樹

▲惧 愳均非

度非○渡鍍字準此

樹非○澍字準此 澍音注時雨也 又音樹

《增广字学举隅》

图51 来

《居延汉简》

《敦煌汉简》

315 衡方碑

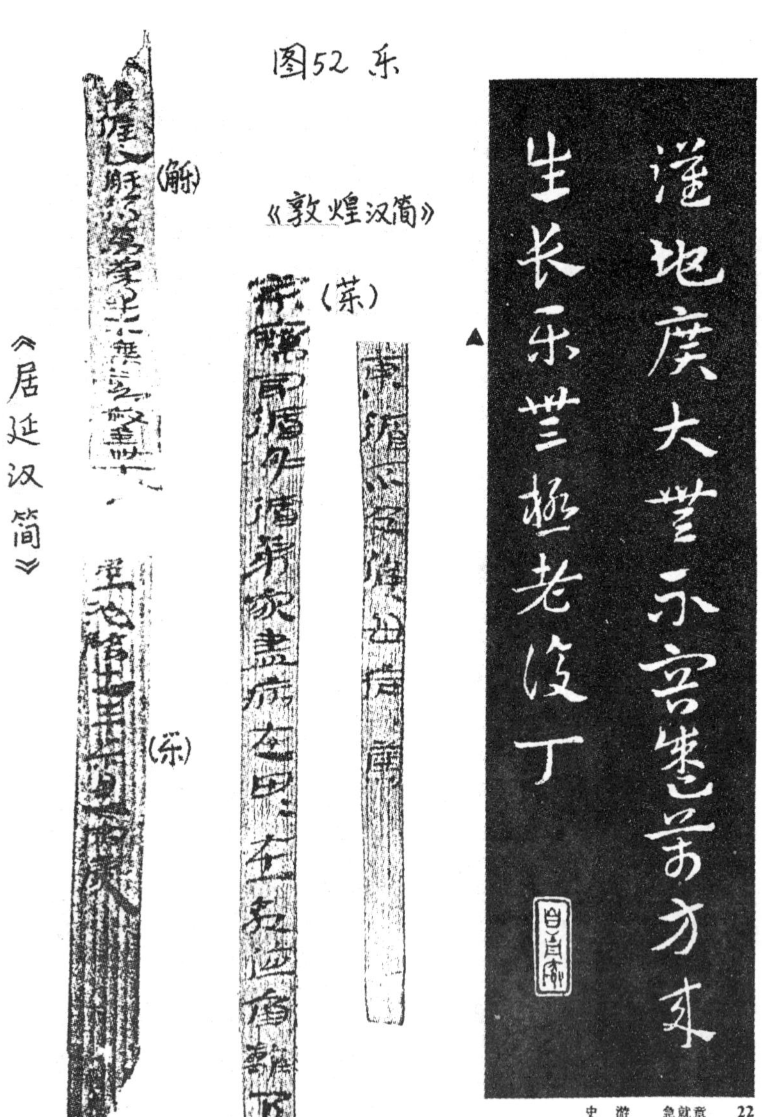
图52 乐
《居延汉简》
(觪)
(乐)
《敦煌汉简》
(茱)
史游　急就章　22

图53 累

269 史晨碑

王羲之 佛遗教经

苦已一世五根賊禍殃及累世為害甚重不
可不慎是故智者制而不隨持之如賊不令縱
逸假令縱之皆亦不久見其磨滅此五根者

五

图54 离　　马王堆帛书
《老子乙本卷前古佚书》

群臣离志

二四下
二五下
二六下
二七下
二八下
二九下

图55 礼

《隶辨》

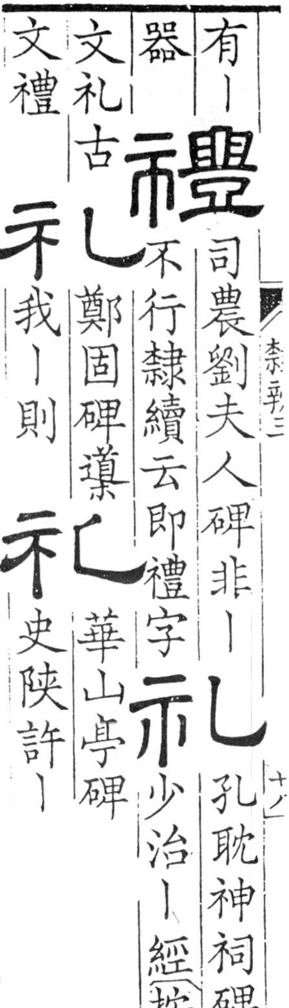

有丨司農劉夫人碑非丨禮礼孔耽神祠碑君器不行隸續云即禮字礼少治丨經按說文礼古鄭固碑蕖礼華山亭碑文禮礼我丨則礼史陝許丨

《说文解字》

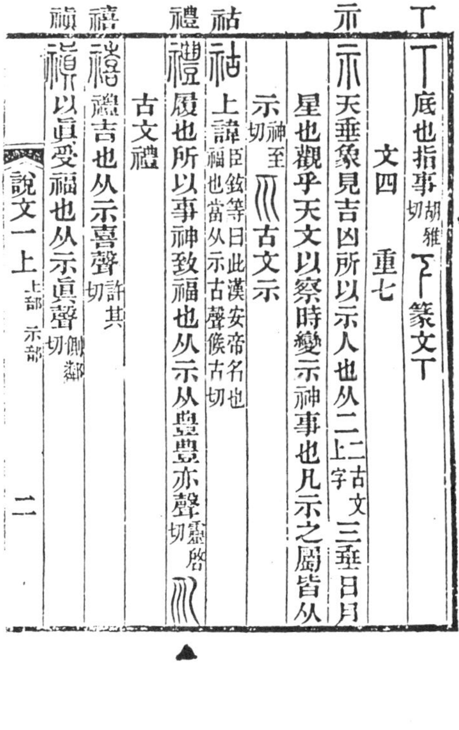

丅 丅底也指事胡雅切 丅篆文丅

文四 重七

示 示天垂象見吉凶所以示人也从二二古文上字三垂日月星也觀乎天文以察時變示神事也凡示之屬皆从示神至切 𥘅古文示

祜 祜上諱臣鉉等曰此漢安帝名也福也當从示古聲候古切

禮 禮履也所以事神致福也从示从豊豊亦聲靈啓切 𥘅古文禮

禧 禧禮吉也从示喜聲許其切

禛 禛以眞受福也从示眞聲側鄰切

說文一上 上部 示部 二

图56 怜

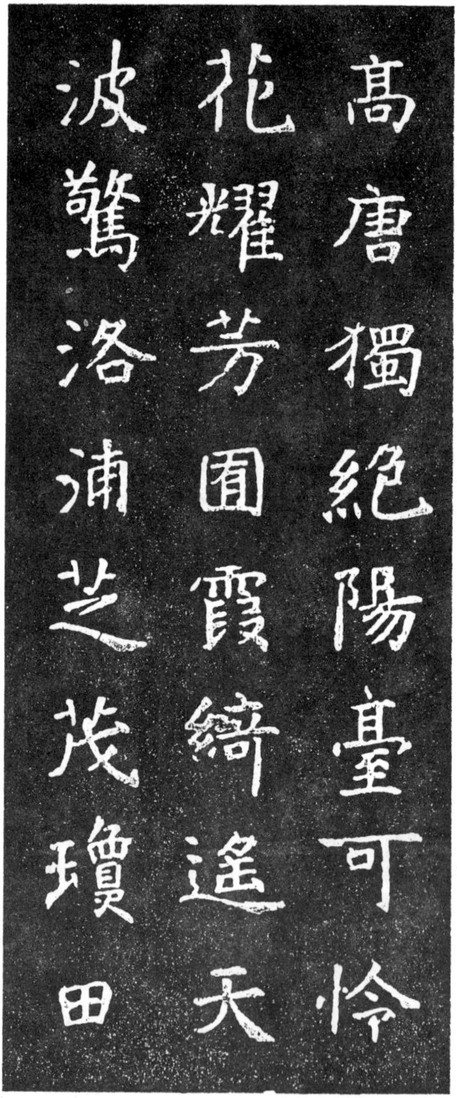

高唐獨絕陽臺可怜
花耀芳園霞綺遙天
波驚洛浦芝茂瓊田

217 美人董氏墓志



儻若在後被追收，必道女子相帶累。
三十不與丈夫言，與母同居住鄰里，
嬌愛容光在目前，列(烈)女忠貞浪虛棄。」
喚言仵相物(勿)懷擬(疑)，遂即抱石投河死。
子胥廻頭聊[入]長望，怜念女子懷惆悵，
遙見抱石透(投)河亡，不覺失聲稱寃枉。
無端穎水滅人蹤，落淚悲嗟倍悽愴：

图57 粮

《隶辨》

王純碑䜏 趣軍丨

粮

韓勅碑食丨按 廣韻粮同糧

粮

白石神君碑黍稷稻丨按金石

图58 邻

陈光尧

《常用简字表》

輩 輪 輜 遨 適 遭 遮 遲 鄧 鄭

辈 轮 辎 遨 适 遭 遮 迟 邓 郑

鄰 鄱 醃 醉 醋 鋪 銳 銼 鋒 鋤

邻 鄱 腌 醉 醋 铺 锐 锉 锋 锄

图59 娄

(楼)

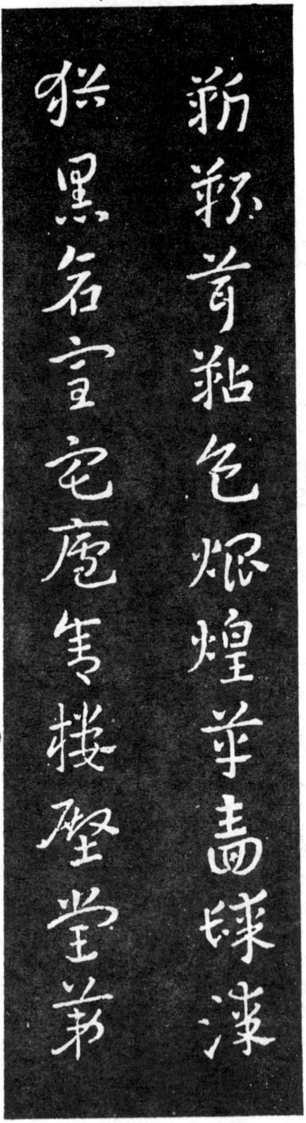

史游　急就章　10

图60 芦

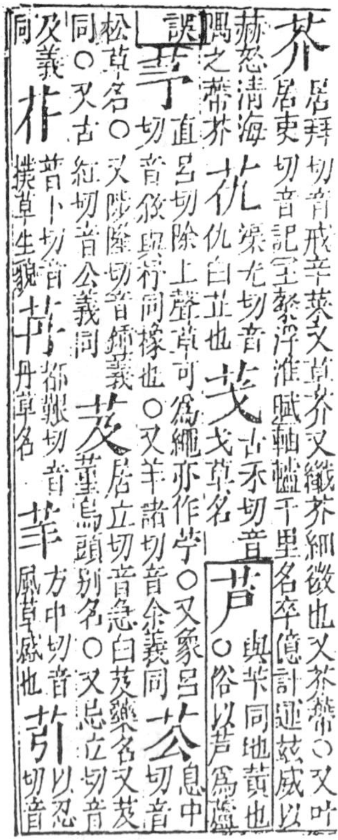

《字汇》

图61 

郑文公下碑 168

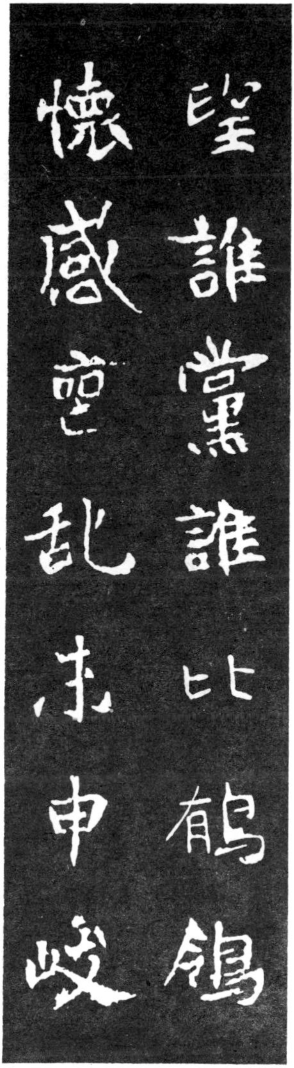

435 元略墓志

图62 麦(1)

《睡虎地秦简》

六五

《敦煌汉简》

323

239 A

《居延汉简》

85

855

图63 麦(2)

301 史晨碑

西狭颂 350

图64 买卖

1464 *A*

# 图 65 门

《居延汉简》

(问)

《敦煌汉简》

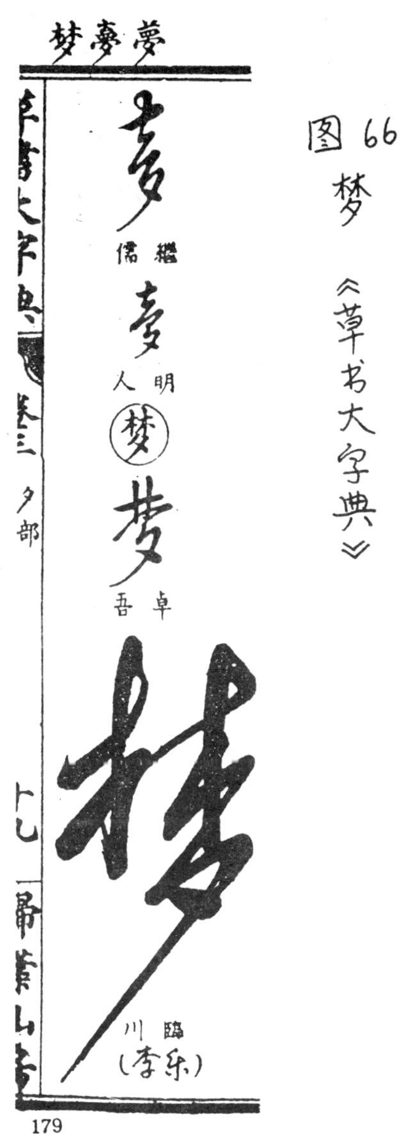

图 66 梦 《草书大字典》

图67　庙

入聲廄陰也　庘　乙甲切音鴨屋欲壞　庙　亭年切音田平也　庙　俗廟字　废　蒲撥切音鈸舍也　庚　古衡切音耕十幹名爾雅歲在庚曰上章月在庚曰室又更也易先庚後庚取更變之義又償也禮弓請庚之又倉庚鳥名即黃鸝也又姓唐太常博士庚季良又庚桑複姓○又叶古郎切音岡詩豳風有鳴倉庚又續也詩小雅西有長庚長庚星後日而入所以續日之長又往來要道曰庚左傳以塞夷庚　𢇍　子余切音疽人相依𢇍也　庛　余制切音異皮謂之庛　庢　得桼切音旦小舍也　庛　七四切音次耒下前曲接耜者曰庛考工記市人爲耒庛長尺有一寸　府　斐古切音斧藏也又聚也周書惟府辜功又公卿牧守獬府道德之所聚祭藏獬府財物之所聚漢制藏錢之府天子曰少府諸侯曰私府唐制大州曰府兵衛曰府又與腑同五臟府周禮天官疾醫疏以其受盛故謂之府又與俯同列子王府而視之蓋古無俯字中已从人後又加人作俯仰之俯以別府庫之府又姓漢司徒掾府悝　㢊　連條切音

寅　六十

《字汇·寅集·广部》

图68 黾

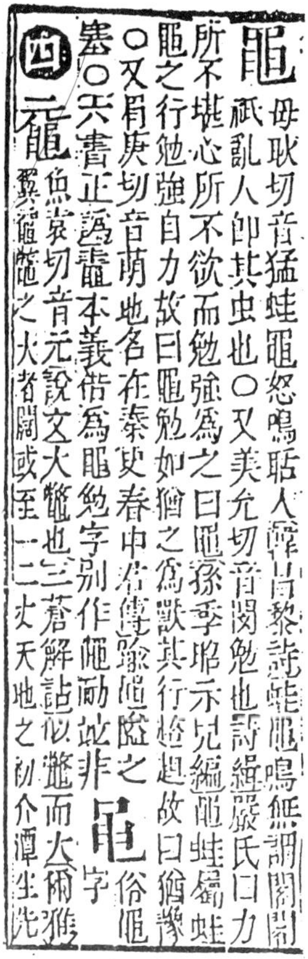

《字汇·黾部》

图69 苹

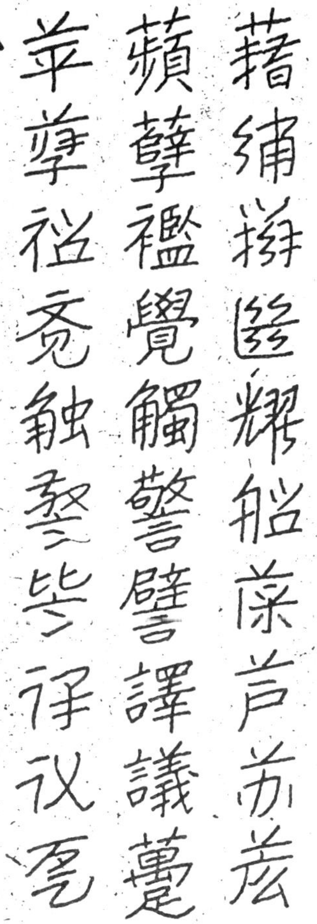

陈光尧《常用简字表》

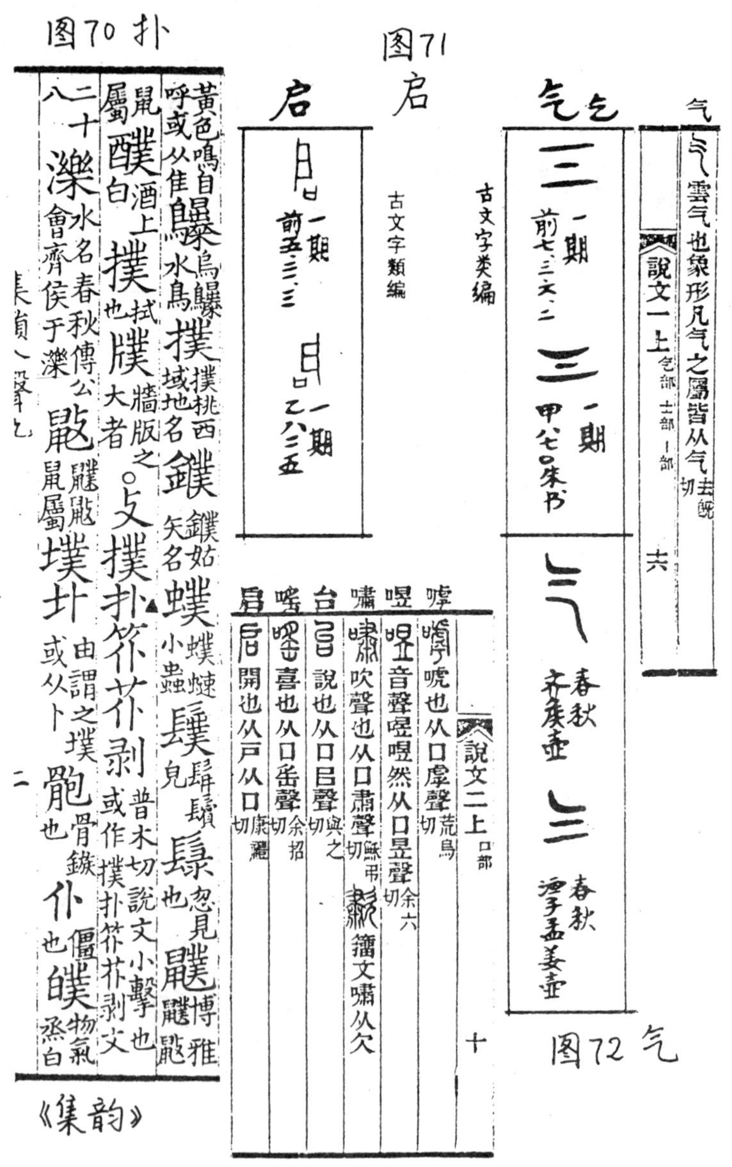
图70 扑
黃色鳴自鸔 烏鸔呼或从隹 鸔水鳥 墣 墣桃西域地名 鏷 鏷鈷矢名 蟔 蟔蝀小蟲 鏷 顆 鬃 髮 鬃也 䴆 博雅䴆鼢
鼠 屬醭白 醭酒上 撲 拭也 𨻻 牆版之大者 ○攴 撲扑 攵 剝 普木切說文小擊也或作撲扑攵攵剝文
二十八 濼 水名春秋傳公會齊侯于濼 䶂 鼠屬 墣 坏 由謂之墣或从卜 䶉 也 仆 也 䁤 物氣
《集韵》
图71 启
启
古文字類编
一期 前五.三.三
一期 乙一八三五
嘑 嗢 嘯 台 嗒 启
嘑 唬也从口虖聲 荒烏切
嗢 音聲嗢嗢然从口昷聲 余六切
嘯 吹聲也从口肅聲 穌弔切 籀文嘯从欠
台 說也从口㠯聲 與之切
嗒 喜也从口呑聲 余招切
启 開也从戶从口 康禮切
《說文二上 口部》 十
图72 气
气 乞
古文字类编
一期 前七.三六.二
一期 甲八七四朱书
春秋 齐侯壶
春秋 洹子孟姜壶
气
气 雲气也象形凡气之屬皆从气 去既切
《說文一上 气部 士部 丨部》 六

图 73 千·秋(秌)

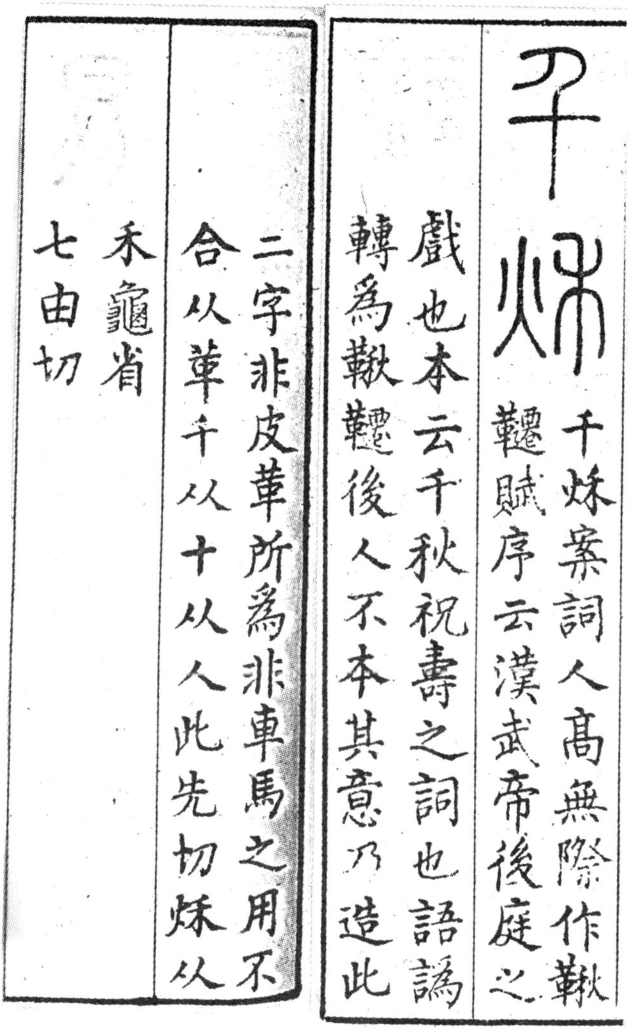

千秌

千秌案詞人高無際作鞦韆賦序云漢武帝後庭之戲也本云千秋祝壽之詞也語譌轉爲鞦韆後人不本其意乃造此二字非皮革所爲非車馬之用不合从革千从十从人此先切秌从禾龜省七由切

图74 热

熱

漢帛書

居延

敦煌

武威

《简牍帛书字典》

图75 洒

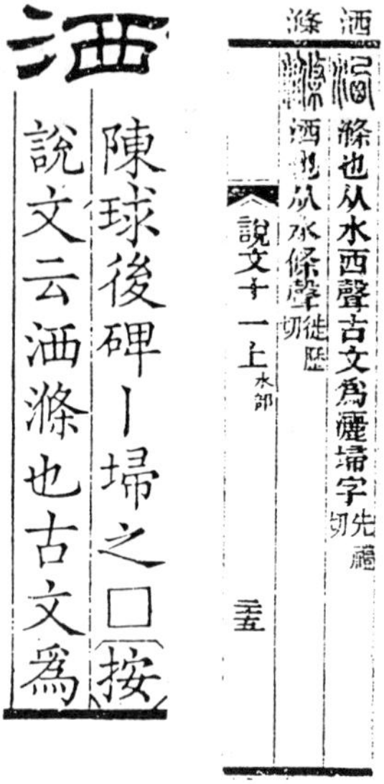

洒

陳球後碑丨埽之口［按説文云洒滌也古文爲

《隶辨》

洒 滌

洒 滌也从水西聲古文爲灑埽字 先禮切

滌 洒也从水條聲 徒歷切

《説文十一上水部》

二三

敦煌變文集 卷五 妙法蓮華經講經文

白角簟中安錦褥，象牙床上布紅綢。
時時掃洒擅香水，處處莊嚴淨土塵，
六十二億并衆［八］，朝朝供養倍精勤。

图76 喪

喪 魏孝文帝吊比干文。

喪 魏元颺妻王夫人墓誌。

喪 魏王夫人元華光墓誌

喪 魏元孟輝

巨始光象。

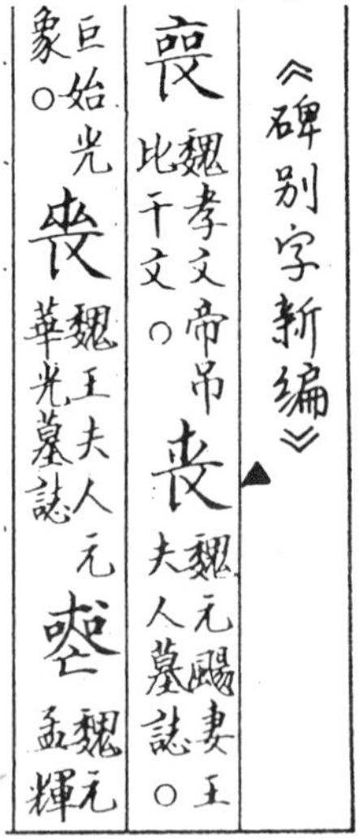

《碑别字新编》

图77 杀

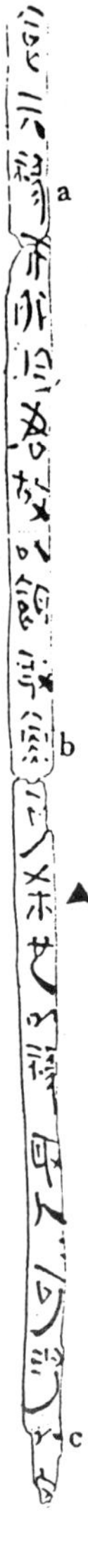

《银雀山汉墓竹简》

图 78 舍

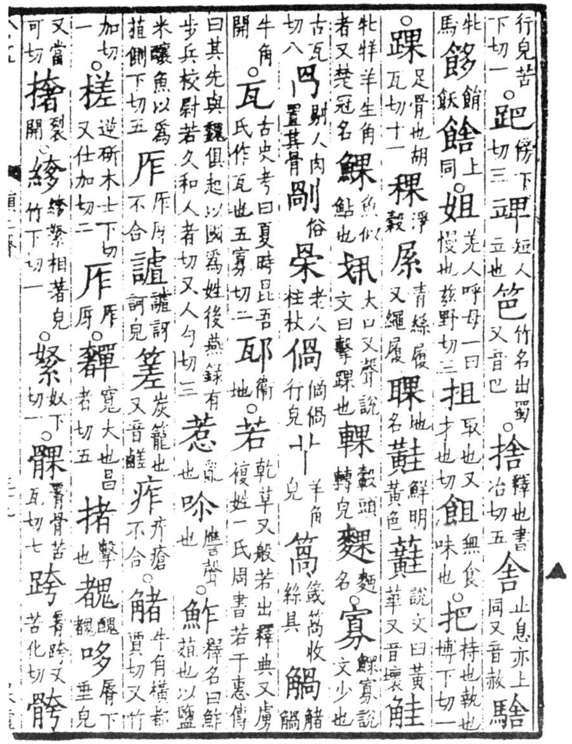

行皃苦下切一 ○跁 傍下切三 䆉 短人立也 笆 竹名出蜀又音巴 ○捨 釋也書冶切五 舍 止息亦上同又音赦 騇

牝馬 ⿰食多 餔飫 ⿰食舍 上同 ○姐 羌人呼母一曰慢也兹野切三 担 取也又才也切 飷 無食味也 ○把 持也執也博下切一

○踝 足骨也胡瓦切十一 稞 淨穀 ⿸尸絲 青絲履又繩履 ⿰耳果 地名 ⿰黄圭 鮮明黃色 蘳 說文曰黃華又音壞 鮭

牝牂羊生角者又楚冠名 ⿰魚果 魚似鮎也 ⿰夫瓜 大口又說文曰擊踝也 輠 轂頭轉皃 ⿰麥果 麪名 ○寡 鮮寡說文少也

古瓦切八 ○冎 剮人肉置其骨 剮 俗 呆 老人柱杖 ⿰亻咼 ⿰亻咼⿰亻咼行皃 丫 羊角皃 ⿱竹咼 箴筒收絲具 ⿰角咼 觰⿰角咼

牛角 ○瓦 古史考曰夏時昆吾氏作瓦也五寡切二 邷 衛地 ○若 乾草又般若出釋典又虜複姓一氏周書若干惠傳

開

曰其先與魏俱起以國爲姓後燕録有步兵校尉若久和人者切又人勺切三 惹 亂也 ⿰口介 應聲也 ○鮓 釋名曰鮓菹也以鹽

米釀魚以爲葅側下切五 厏 厏厊不合 謯 謯訶訶皃 ⿱竹差 炭籠也又音齹 痄 痄瘡不合 ○觰 牛角橫者賈切又竹

加切一 ○槎 逆斫木士下切又仕加切二 厏 厏厏 ○奲 寬大也昌者切五 撦 擊也 䰩 䰩䰩 哆 脣下垂皃

又當可切 撦 裂開 ○⿰糸奓 ⿰糸奓緊相著皃竹下切一 ○⿱奴糸 奴下切一 ○髁 髀骨苦瓦切七 跨 踦跨又苦化切 骻

289

《广韵·马韵》

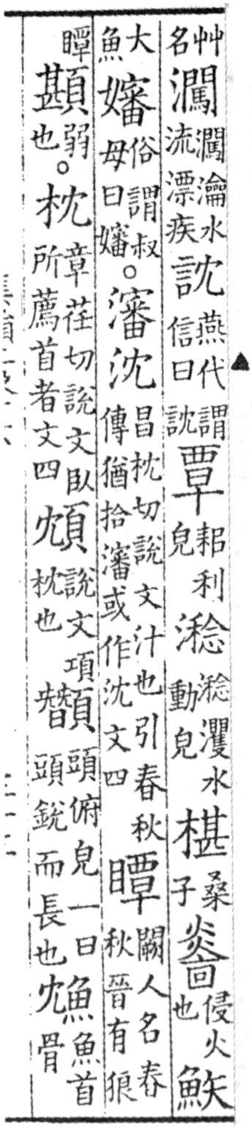

艸名瀾瀾淪水流漂疾訦燕代謂信曰訦覃郣利皃淰淰瀷水動皃椹桑子[illegible]侵火也[illegible]

大魚嬸俗謂叔母曰嬸。瀋沈昌枕切說文汁也引春秋傳猶拾瀋或作沈文四瞫闕人名春秋晉有狼

瞫䫖弱也。枕章荏切說文臥所薦首者文四[illegible]說文項枕也[illegible]頭俯皃一曰頭銳而長也魫魚首骨

《集韵·寑韵》

图79 沈

图80 师

《敦煌汉简》

图81 时

图82 实

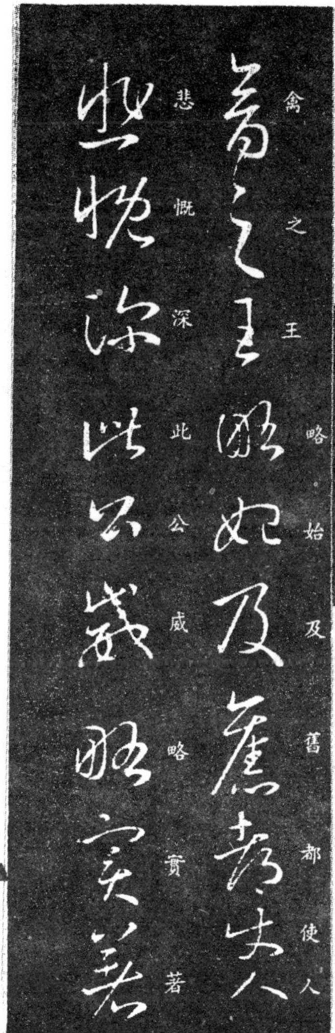

王羲之

破羌帖

翕之王略始及舊都使人

悲慨深此公威略實著

图83 寿 《敦煌汉简》

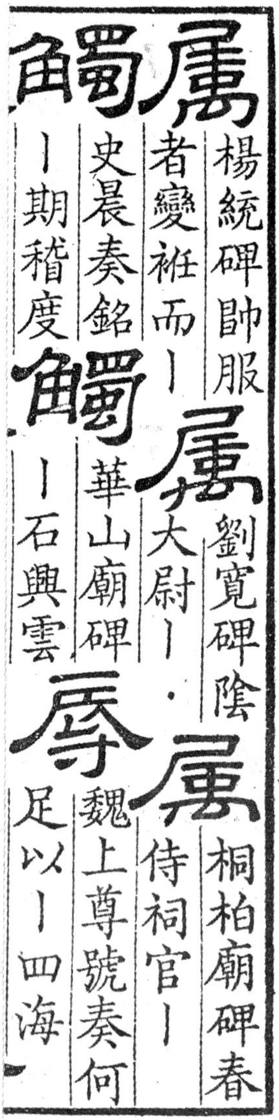

屬 楊統碑帥服者變祗而丨

屬 劉寛碑陰大尉丨·

屬 桐柏廟碑春侍祠官丨

觸 史晨奏銘丨期稽度

觸 華山廟碑丨石興雲

辱 魏上尊號奏何足以丨四海

图84 属 《隶辨》

图 85 双

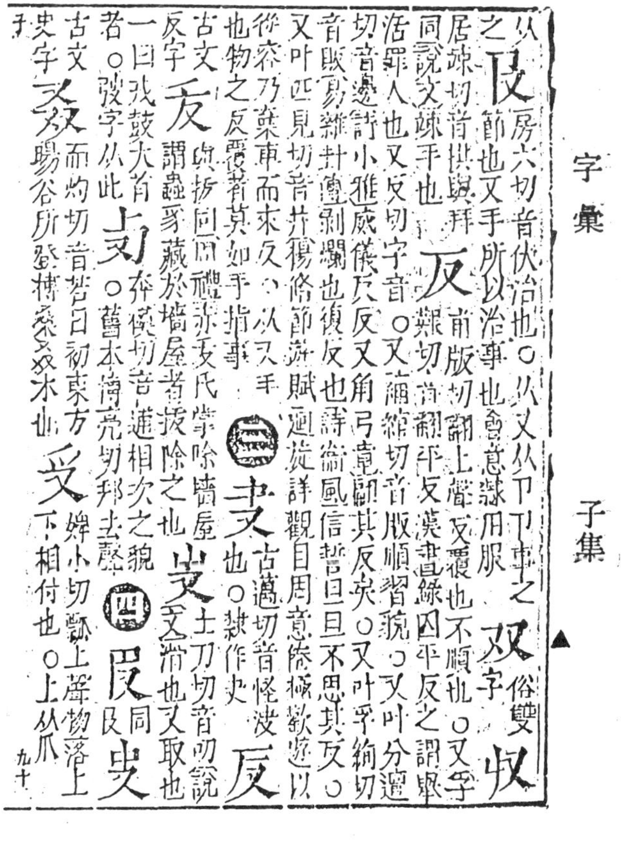

从𠬝房六切音伏治也○从又从卩卩事之双俗雙㕛
之節也又手所以治事也會意𦚢用服字
居竦切音拱與拜反前版切翻上聲反覆也不順也○又孚
同說文竦手也艱切音翻平反漢書錄囚平反之謂舉
活罪人也又反切字音○又蒲綰切音版順習貌○又叶分邅
切音邊詩小雅威儀反反又角弓竟翩其反矣○又叶孚絢切
音販易雜卦復剝爛也復反也詩衛風信誓旦旦不思其反○
又叶匹見切音片禓條節游賦迴旋詳觀自周意條楲歉遊以
從容乃棄車而來反○从又手 三 𠭥古邁切音怪彼
也物之反覆者莫如手指事也○隸作夬反
古文反𠬡與扳同周禮赤犮氏掌除牆屋𠬛士刀切音叨說
反字謂蟲豸藏於牆屋者拔除之也文滑也又取也
一曰戎鼓大首𠬢奔侯切音邁相次之貌 四 𠬤同
者○彀字从此○舊本薄亮切邦去聲𠬝𠬤
古文叒而灼切音若日初東方𠬪婢小切音摽上落物落上
史字叒暘谷所登榑桑叒木也下相付也○上从爪
九十

字彙 子集

图 86 松

杅古序 彔 又古月切音厥 杪 又歲末也王制 杭 又木名
字也 木也佩觿讀 必於歲之杪 子似栗
生南方皮厚汁赤一名魚毒見爾雅又天河謂之天杭出太元
經○又居郎切音岡禮器註引士喪禮陳器曰杭木葬者杭在
上茵在下○又口浪切音抗杭木也士喪禮橫
三縮二加杭席徐邈音苦浪反又爾雅杭張也 松 又與鬆同 說文樠松
心 余 又宋人名高應余德 极 又與枊同石鼓文极深 构
木 祐時人隨三宮北去 臣戶鄭樵云卽楫字
又與鉤同荀子构木 栟 又眉具也南史王 枉 又巨王切音
必將待櫽栝亦作枸 敬則見眉肉栟 狂汲具
枇 又匹迷切音批椰木○ 柴 又韻會枇 枌 又方吻切音
又毗至切音譬細櫛 或書作柴 枌集韻草名
析 又與𣏟同草名相如賦蔵析包荔張揖曰析似燕麥从相
支反史記作蔪漢書作斯○又析木脾析俱如字讀字彙
从平聲 枋 又檀木也又蜀人以木偃魚爲枋又地名晉有枋
非是 頭桓溫枋頭之敗卽此也○又與舫同後漢岑彭

字彙補 辰 十六 彙賢齋

字彙補 辰集

图 87 随

王羲之《佛遗教经》

图 88 孙

《敦煌汉简》

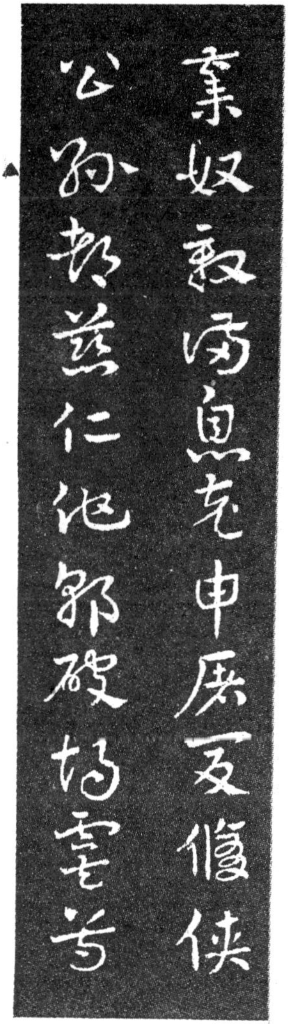

3 史游 急就章

图 89 台

台 張表碑當陟丨階

《隶辨》

| 万 |
| --- |
|  |
| 丂 周早 倗万毁<br>同萬 说文无·集韵: |
| 丂 战国 印·泉续<br>丂 战国 凝清 |

图94 万 第一编 古文字 《古文字类编》

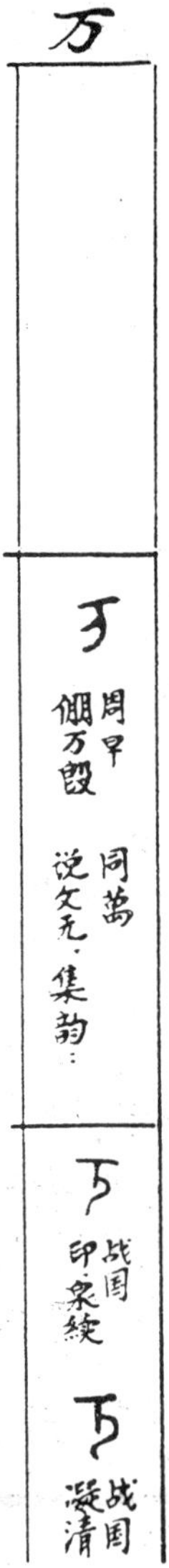

《隶辨》

怨 張遷碑西人丨思 販 吴仲山碑受恩者無丨按即販字 勸 劉熊碑清脩丨慕 勸 堯廟碑以丨後進 勸 帝堯碑莫不丨樂 万 建平郫縣碑賈二丨五千 按廣韻万十千也經典相承皆通用萬 萬 曹全碑紀綱丨里按說文作蠆蟲名也上象蟲形變隸從艸從田 萬 華山廟碑既成丨物 萬 尹宙碑丨祀不泯 萬 桐柏廟碑傅于

565

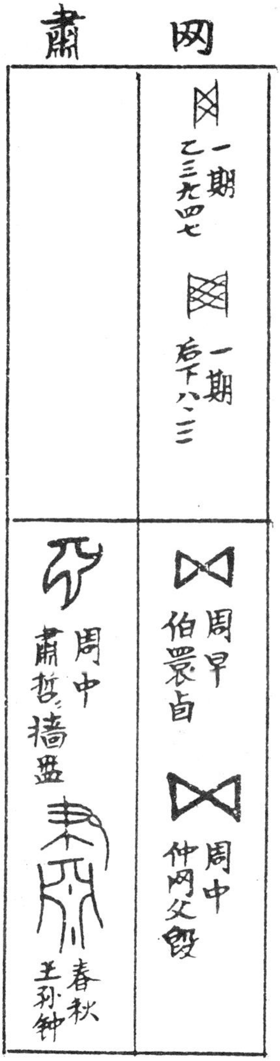

古文字類編

| 肅 | 网 |
| --- | --- |
| | 一期 乙三九四七<br>一期 后下八·一三 |
| 周中 肅哲墻盤<br>春秋 王孙钟 | 周早 伯罴卣<br>周中 仲网父簋 |

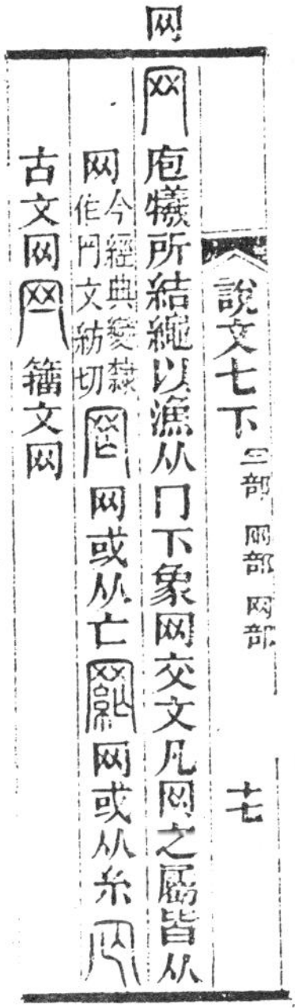

网

《說文七下 网部 网部 网部 七

网 庖犧所結繩以漁从冂下象网交文凡网之屬皆从网 今經典變隸作冈 文紡切 罔 网或从亡 䍙 网或从糸 冈 古文网 冈 籒文网

图95 网

《敦煌汉简》

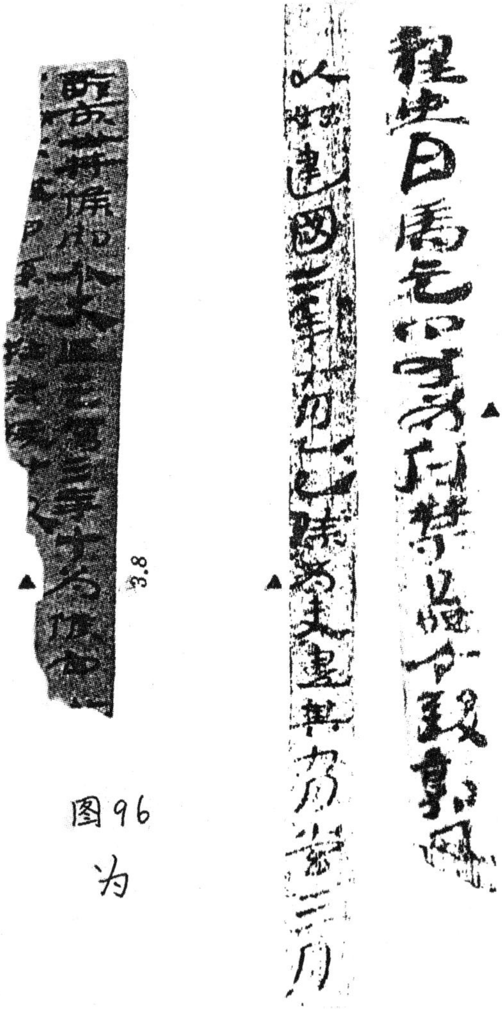

《居延汉简》

图96

为

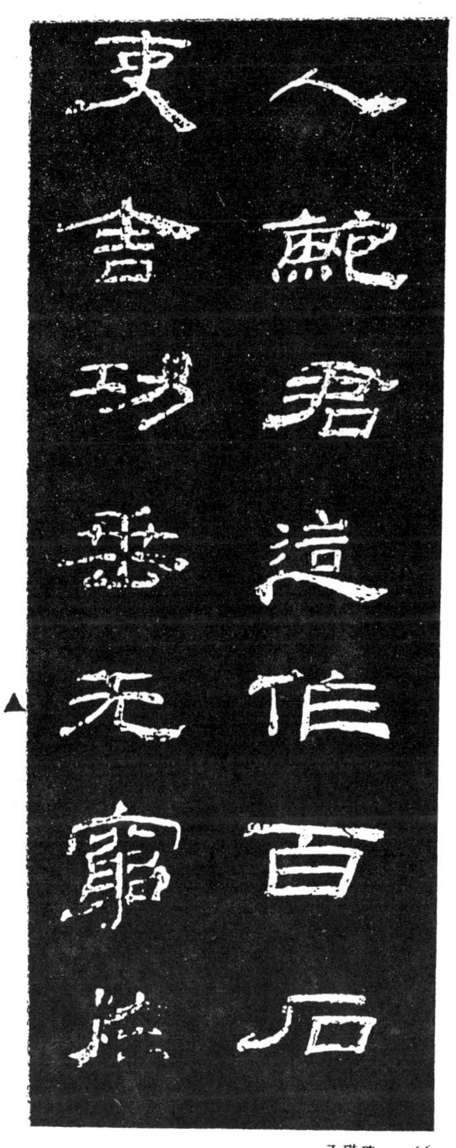


乙瑛碑 66

图 97

无

無 亡也从亡無聲 武扶切 无 奇字无通於元者王育說天屈西北爲无

匃 气也逯安說亡人爲匃 古代切

《說文十二下 乚部 亡部 匸部

九

图98 牺

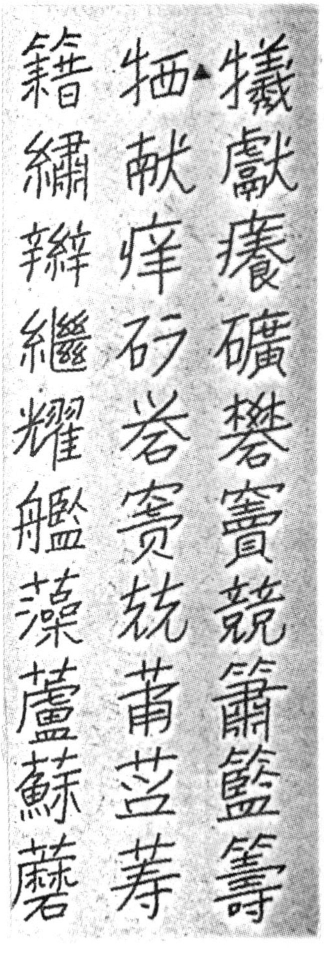

犧獻攮礦礬竇競簫籃籌

牺▲献痒矿[illegible]窦[illegible]萧[illegible][illegible]

鐠繡辮繼耀艦藻蘆蘇蘑

陈光尧《常用简字表》

文四

𥿻繫也。謂繫可借爲系也，春官小史，奠繫世，世本有帝系篇，唐書宰相世系表，即作系，易繫辭釋文，繫，徐胡詣反，本系也，又音係，續也，字從毄，若直作毄，下系者，音口奚反，非，陸氏此說，是不知假借也，釋名，系，繫也，相連繫也。從糸。丿聲。丿，段氏改爲厂，是也，乃抴引之厂，非右戾之乀，胡計切。凡系之屬皆從系。𦃃系

《说文句读》

𥿻縣也。縣各本作繫，非其義，今正。県部曰：縣者，系也，引申爲凡總持之偁，故系與縣二篆爲轉注。系者垂統於上而承於下也。系與係可通用，然經傳係多謂束縛，故係下曰絜束也，其義不同。系之義引申爲世系，周禮瞽矇世帝繫，小史奠繫世，皆謂帝繫世本之屬，其字借繫爲之，當作系。大傳繫之以姓而弗別，亦系之叚借。从系。系細絲也。縣物者不必麤也。厂聲。厂余制切，抴也。虒字从之，系字亦从之。形聲中有會意也。胡計切，十六部。凡系之屬皆从系。𦃃系或从毄處。从處而毄聲也，毄亦在十六部，故古

十二篇下 [illegible]

《说文解字注》

图99 系

图 100 衅 《玉篇》

䯤徒對切䯊䯤愚皃 䯊口會切䯊䯤 䯨苦紅切又口江切 䯥巨綺切小骨也 骲百罵切刀骲也 䯏府貢切灼 髉胡代切骨 骻口化切又口瓦切賈骻 骮與力切小骨也 䯋匹角切骨箭也 𩩓都骨切鳥鳴豫知吉凶 䯿七沒切小骨也

髉北角切骨嵩也 𩩭知劣切續骨也 䯉胡郭切骨聲 䯝於力切骨 骩口骨切用力也 骯口朗切骯髒體盤 髒子朗切骯髒 骫郁詭切骨曲也

○血部第八十 凡二十三字

血呼穴切說文云祭所薦牲血也易曰龍戰于野其血玄黃 衁呼黃切血也左氏傳曰士刲羊亦無衁 衃匹尤匹才二切凝血也 𧖧子仁切氣液也 䘓達零切說文云定息也 衄女鞠切鼻出血也 盥奴冬切說文云腫血也亦作膿 監吐感切周禮醢人掌朝事之豆其實監醢監肉汁也又曰深蒲監醢 盬同上 薀組於切周禮醢人掌供七菹薀酢清菜 薀同上 鐖居衣切說文曰以血有所別塗祭也 衈如志切耳血也 卹思律切憂也 衋許力切傷痛也周書曰民罔不衋傷心 𧖻空紺切羊凝血也 贛同上 盇乎獵切說文曰覆也又何不也 盍同上 𧗾莫結切汗血也 衅虛鎮切牲血塗器祭也亦作釁 𧗳補胡切申時食籀文餔字 蓋之承切菹也 ▲

138

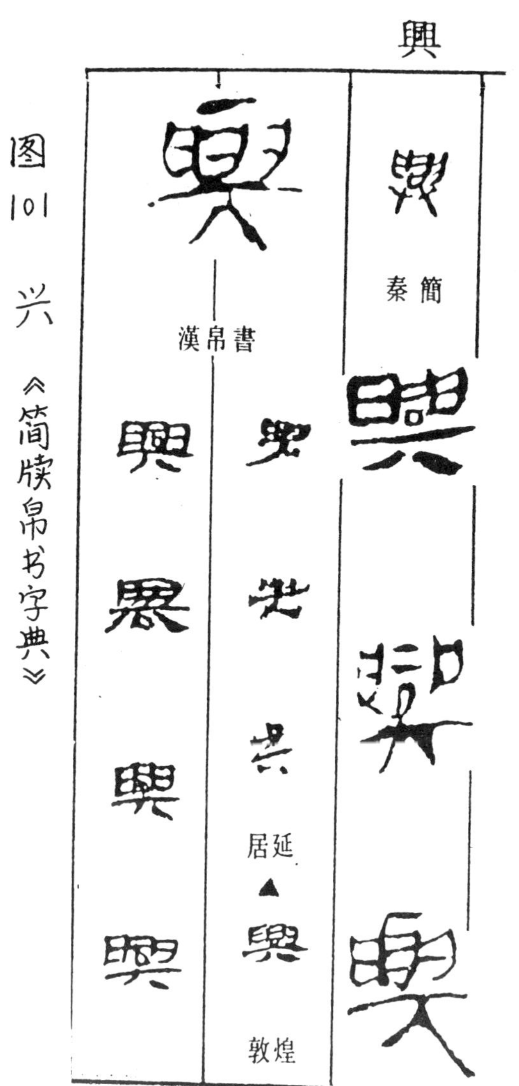


图101 兴 《简牍帛书字典》

图102 须

文一

首 百同古文百也巛象髮謂之鬊鬊即巛也凡𩠐之屬

皆从𩠐 書九切

䭫 下首也从𩠐旨聲 康禮切

𩠚 截也从𩠐从斷 大丸切又旨沇二切 剸 或从刀專聲

文三 重一

県 到首也賈侍中說此斷首到縣県字凡県之屬皆从

県 古堯切

縣 繫也从系持県 臣鉉等曰此本是縣挂之縣借爲州縣之縣今俗加心別作懸義無所取 胡涓切

說文九上 𩠐部 県部 須部 彡部 七

文二

須 面毛也从頁从彡凡須之屬皆从須 臣鉉等曰此本須頁之須頁首也彡毛飾也借爲所須之須俗書从水非是 相俞切

𩒹 口上須也从須此聲 臣鉉等曰今俗別作髭非是 即移切

䫇 頰須也从須从冄冄亦聲 臣鉉等曰今俗別作髯非是 汝鹽切

𩓥 須髮半白也从須卑聲 府移切

頿 短須髮皃从須否聲 敷悲切

图 103 阳

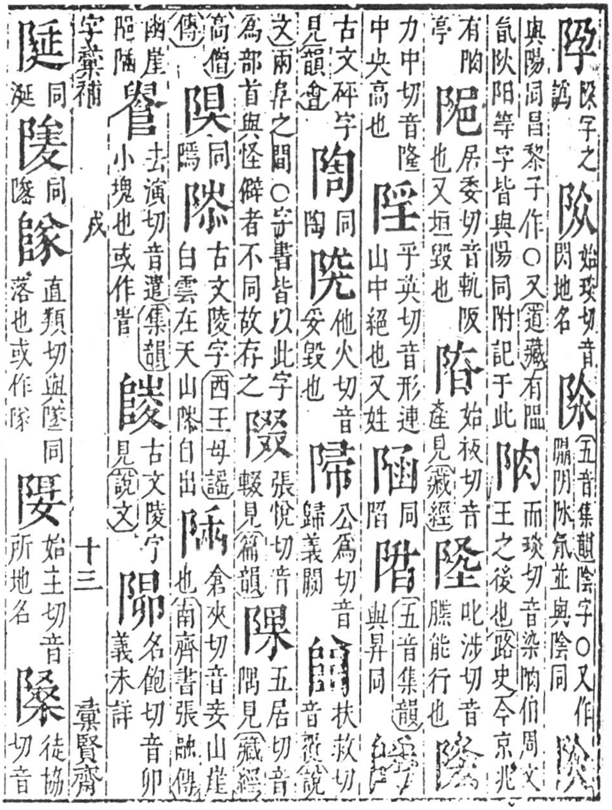

陓阦字之譌 阦始玖切音閃地名 陰五音集韻陰字○又作關阴阥氣並與陰同 阥

與陽同昌黎子作○又道藏有陽阦阳等字皆與陽同附記于此 陃而玖切音染陃伯周文王之後也路史今京兆

有陃亭 陒居委切音軌阪也又垝毀也 陊始衩切音産見藏經 [illegible]叱涉切音膆能行也 [illegible]

力中切音隆中央高也 陘乎英切音形連山中絕也又姓 [illegible]同陷 [illegible]五音集韻[illegible]與昇同

古文秤字見韻會 陶同陶 [illegible]他火切音妥毀也 [illegible]公爲切音歸義闕 [illegible]扶救切音[illegible]說

文兩𠂤之間○字書皆以此字爲部首與𨸏僻者不同故存之 [illegible]張悅切音輟見篇韻 [illegible]五居切音隅見藏經

高僧傳 [illegible]同[illegible] [illegible]古文陵字西王母謠白雲在天山[illegible]自出 [illegible]倉夾切音妾山崖也南齊書張融傳

幽崖[illegible]隔 [illegible]去演切音遣集韻小塊也或作[illegible] [illegible]古文陵字見說文 [illegible]名飽切音卯義未詳

字彙補 戌 十三 彙賢齋

[illegible]同[illegible] 陵同[illegible] 隊直類切與墜同落也或作隊 [illegible]始主切音所地名 [illegible]徒協切音

《字汇补》

图104 痒

疒部第一百四十八凡二百七十二字

疒女尼切說文曰倚也人有疾病也象倚著之形又音牀 疔籀文 疾才栗切患也速也說文曰病也 𤕫古文 病皮命切疾甚也說文曰疾加也 痒餘兩切痛痒也說文曰瘍也 癢同上 疘古紅切下病也 ⿸疒除直余切瘕也又治庶切 ⿸疒余丈加切瘕⿸疒余也 ⿸疒酉余周切病也 痡芳俱普胡二切病也詩云我僕痡矣 痛聽棟切病也傷也 瘣胡罪切病也詩云譬彼瘣木 疴於何切病也 痾同上 瘽渠謹切病也 瘵側界切病也 瘨都賢切狂也 瘼謨洛切病也 疵疾貲切病也亦瑕疵 瘖於深切不能言 瘏唐胡切病也詩云我馬瘏矣 癭於郢切頸腫也 瘻力鬬切瘡也 疣羽求切結病也今疣贅之腫也 ⿸疒又尤呪切頭搖也與頄同 ⿸疒樊匹備切氣滿也說文作⿸疒樊音備 ⿸疒樊說文⿸疒樊 瘀於豫切積血也 疛除又切心腹疾也呂氏春秋云身盡疛腫又知有切 𤕺同上又覩老切病也 ⿸疒付附俱夫禹二切腫也俛病也 痀渠俱切曲脊也 瘚俱越切逆氣也與欮同 痱扶非步罪二切風病也詩云百卉具痱 ⿸疒肥同上 痵瓊季切氣不定也心動也亦作悸 痤徂和切癤也說文曰小腫也 疽且余切癰疽也 癰

217

《玉篇》

图105样　陈光尧《常用简字表》

| 標 | 标 | 潑 | 泼 | 澄 | [illegible] |
|---|---|---|---|---|---|
| 樞 | 枢 | 潔 | 洁 | 澆 | 浇 |
| 樟 | [illegible] | 潘 | [illegible] | 激 | [illegible] |
| 模 | [illegible] | 潛 | [illegible] | 熟 | [illegible] |
| 樣 | 样 | 澗 | 涧 | 熬 | [illegible] |
| 歎 | [illegible] | 潤 | 润 | 熱 | 热 |
| 歐 | 欧 | 潮 | [illegible] | 獎 | 奖 |
| 殤 | 殇 | 潰 | [illegible] | 璃 | [illegible] |
| 毅 | [illegible] | [illegible] | [illegible] | 瘟 | [illegible] |
| 毆 | 殴 | 潼 | [illegible] | 瘠 | [illegible] |

图106页

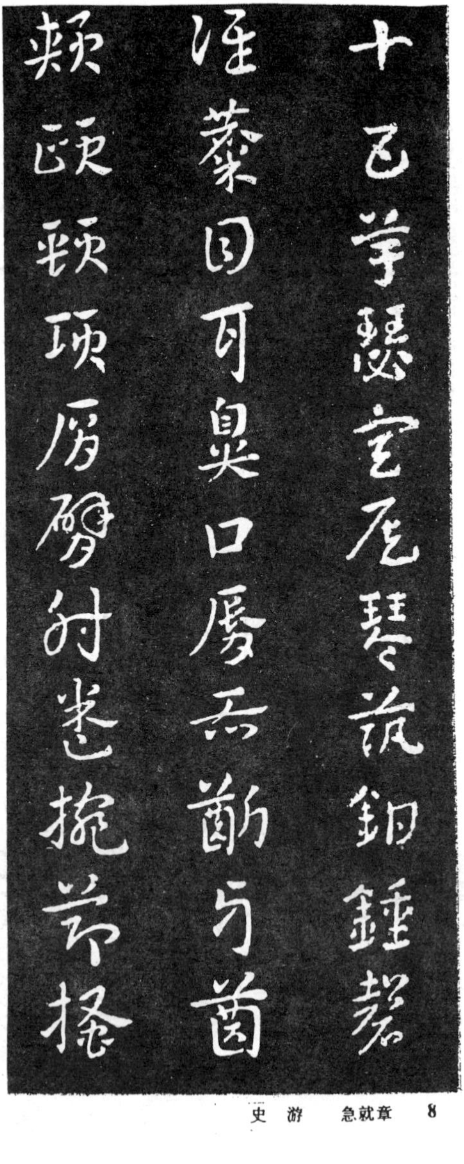

史游　急就章　8

图107 亿　陈光尧《常用简字表》

十五画

| 繁 | 简 |
|---|---|
| 麽 | 幺 |
| 鼻 | 畀 |
| 齊 | 齐 |
| 價 | 价 |
| 僻 | 㑀 |
| 儀 | 仪 |
| 儂 | 侬 |
| 億 | 亿 |
| 儉 | 俭 |
| 劇 | 剧 |
| 劈 | 劈 |
| 劉 | 刘 |
| 創 | 创 |
| 劍 | 剑 |
| 厲 | 厉 |
| 嘴 | 咀 |
| 嘸 | 呒 |
| 嘩 | 哗 |
| 嘿 | 嘿 |
| 墜 | 坠 |
| 增 | 垍 |
| 墨 | 墨 |
| 墩 | 墩 |

图108 忆 陈光尧《常用简字表》

| | | | | | |
|---|---|---|---|---|---|
| 栍 | 樵 | 择 | 擇 | 宪 | 憲 |
| 朸 | 樹 | 挡 | 擋 | 忆 | 憶 |
| 椒 | 橄 | 採 | 操 | 憾 | 憾 |
| 椔 | 橊 | 扲 | 擒 | 慬 | 懂 |
| 桥 | 橋 | 担 | 擔 | 懈 | 懈 |
| 桔 | 橘 | 投 | 據 | 怏 | 懊 |
| 朾 | 橙 | 整 | 整 | 战 | 戰 |
| 机 | 機 | 暨 | 暨 | 拥 | 擁 |
| 椽 | 橡 | 厤 | 曆 | 捞 | 擄 |
| 桜 | 横 | 晓 | 曉 | 抾 | 擅 |

图110 隐



《简牍帛书字典》

图109 阴　《字汇补》

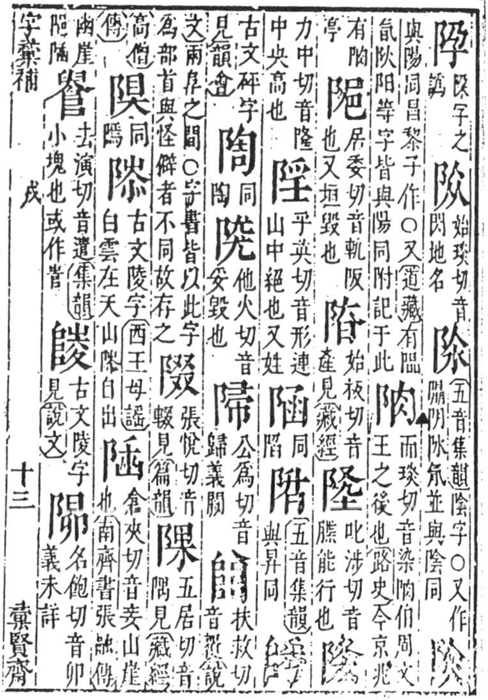

阝孚 陖字之譌 陜 始琰切音閃地名 隂 五音集韻陰字○又作𨻵明陜氣並與陰同 陾 與陽同昌黎子作○又道藏有㗊氣陜阳等字皆與陽同附記于此 陃 而琰切音染陃佾周文王之後也路史今京兆有陃亭 隠 居委切音軌阪也又垣毀也 陼 始夜切音產見藏經 隆 叱涉切音腜能行也 隲 力中切音隆中央高也 陘 乎英切音形連山中絕也又姓 陷 同陷 階 五音集韻與昇同 陭 古文砰字見韻會 陶 同陶 陊 他火切音妥毀也 隔 公爲切音歸義闕 隋 扶救切音複見說文兩阜之間○字書皆以此字爲部首與怪僻者不同故存之 隧 張悅切音輟見篇韻 隈 五居切音隅見藏經 隕 同高僧傳 陊 同隱 隙 古文陵字西王母謠白雲在天山陵自出 隰 倉夾切音妾山崖也南齊書張融傳 隖 去演切音遣集韻幽崖陘隔 隒 小塊也或作㕓 陵 古文陵字見說文 陽 名飽切音卯義未詳

字彙補　戌　十三　彙賢齋

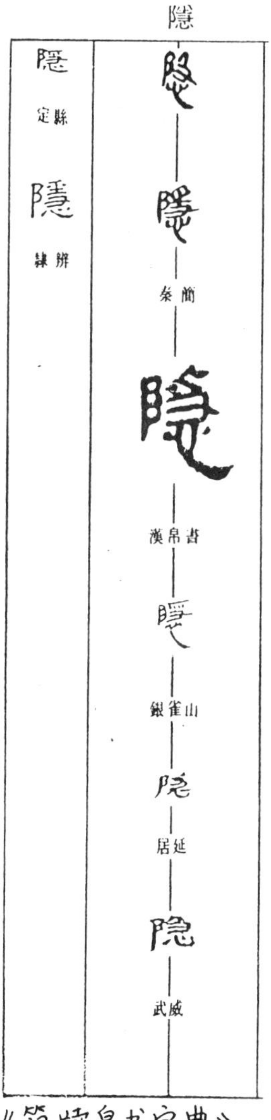

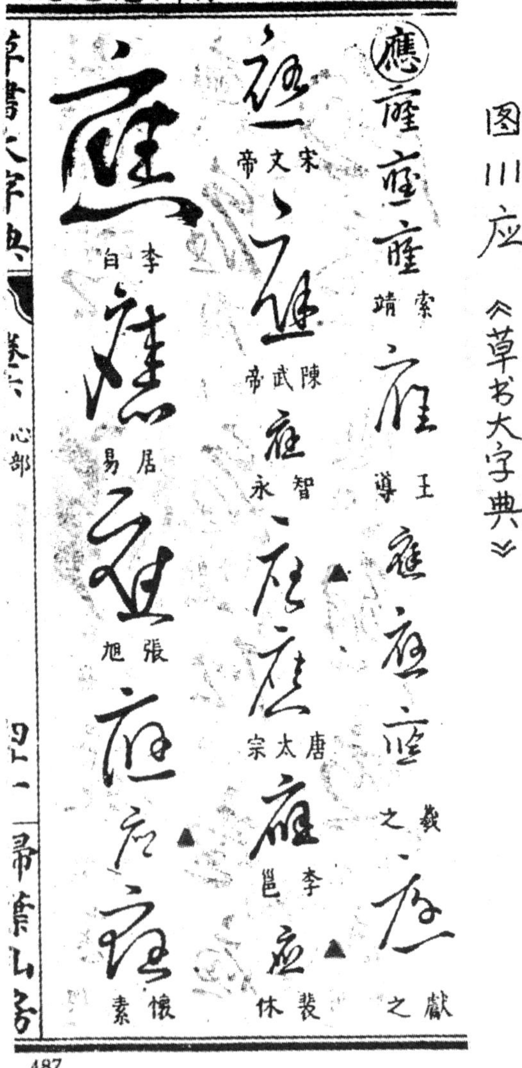
應懇懸懈懆

(應)

索靖

王導

羲之

獻之

宋文帝

陳武帝

智永

唐太宗

李邕

裴休

李白

居易

張旭

懷素

草書大字典 卷六 心部

四七一 掃葉山房

487

图111 应《草书大字典》

於是娥媚（蛾眉）不掃，雲鬢罷梳，遙[□]靈山，便告世尊：

珠淚連連怨復嗟[五六]，　一種爲人面貌差。

玉葉不生端正相[五七]，　金騰結朵野田化。

見說牟尼長丈六[五八]，　八十隨形號釋迦，

惟願世尊加被我，　三十二相與些些。

佛以他心通，遙知[五九]金剛醜女，焚香發願。遂於醜女居處[堦][六〇]前，從地踊出，親垂加被。醜女忽見大聖世尊，礼身[六一]堦前，魂搥[六二]自撲，起來禮拜，哽咽悲涕。[恰似四鳥而分離，思念自身，不恨滅

图 112　踊

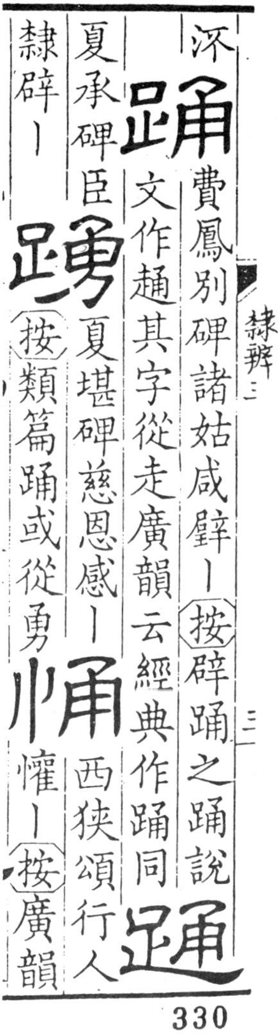

泿　踊　費鳳別碑諸姑咸辟丨按碑踊之踊說　踊　文作踊其字從走廣韻云經典作踊同　夏承碑臣　踴　夏堪碑慈恩感丨　悀　西狹頌行人　隸辟丨　按類篇踊或從勇　慽丨按廣韻

隸辨三

330

图113 优 陈光尧《常用简字表》

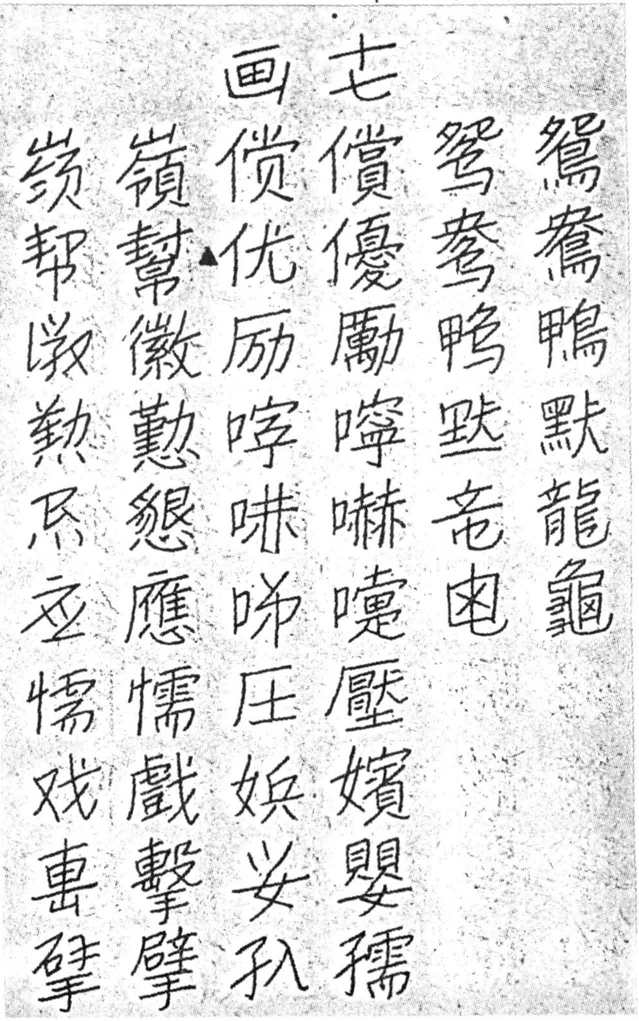

七画

鴛 鴦 鴨 默 龍 龜

鸳 鸯 鸭 趺 竜 龟

償 優 勵 嚀 嚇 嚏 壓 嬪 嬰 孺

偿 ▲优 励 咛 哧 咈 压 嫔 妥 孙

嶺 幫 徽 懃 懇 應 懦 戲 擊 擘

岭 帮 㣲 勤 恳 应 愞 戏 击 擘

图114 犹

敦煌俗字索引 七劃 丿

| | | |
|---|---|---|
| | 何 | 河 |
| | 洹 | 洹 |
| | 洲 | 洲 |
| | 淨 | 淨 |
| | 犲 | 犲 |
| | 狄 | 狄 |
| | 牧 | 牧 |
| ▲ | 犹 | 猶 |
| | 狐 | 狐 |

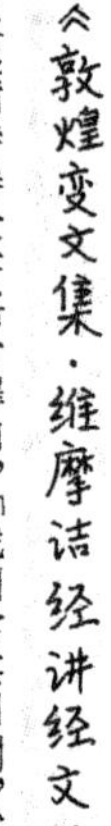

《敦煌变文集·维摩诘经讲经文》

白語：爾時持世并語帝釋曰，「我聞當空月闇，爲有浮雲，寶鏡无光，皆因塵坌（埃）。未成仏道，爲有貪嗔，不出輪廻，盡因染欲。況此天女，盡是貪嗔之本，地獄余（餘）殃，未合升之儀，不是沙門見解。夫修行者，專心苦行，志意澄神，念浮華爲石火令[illegible]之光，想人世似風中□燭。」持世告假帝釋曰：

《隶辨》

燼 餘 孔耽神祠 余 吳仲山碑父有丨財 按周禮
賜余與 碑卌丨年 地官委人凡其余聚以待頒
韓勑碑雕 魏孔羨碑 楊統碑
餘同 與 敗聖丨 與 曾未下丨 璵 器其丨
璠之質隸釋 劉熊碑猗 祝睦後碑所
云璵即璵字 歟 丨明哲 予 謂守忠啓丨 胥

隸辨

74

余

《敦煌汉简》

图 115

图116 鱼

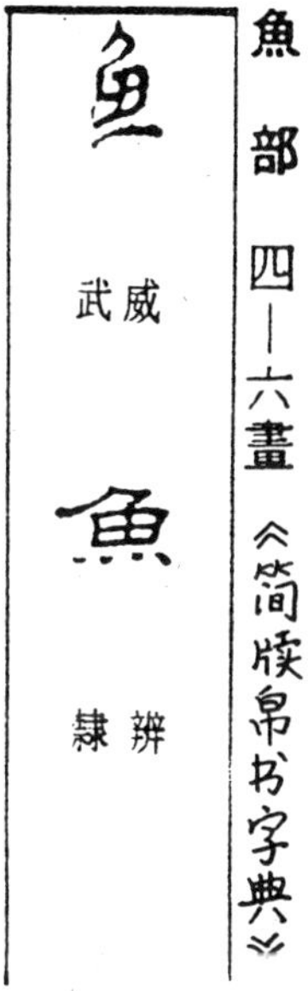

魚部 四——六畫 《简牍帛书字典》

鱼

威武

魚

辨隸

图117 与

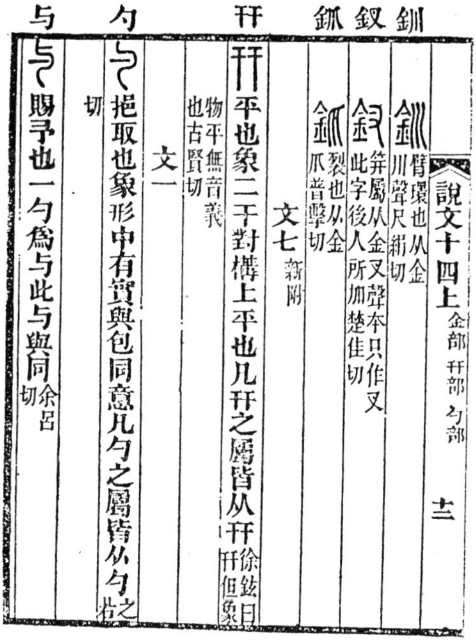

釧 釵 銸 幵 勺 与

說文十四上 金部 幵部 勺部 三

釧 臂環也从金川聲尺絹切

釵 笄屬从金叉聲本只作叉此字後人所加楚佳切

銸 裂也从金爪聲擊切

文七 新附

幵 平也象二干對構上平也凡幵之屬皆从幵徐鉉曰幵但象

物平無音義也古賢切

文一

勺 挹取也象形中有實與包同意凡勺之屬皆从勺之若切

与 賜予也一勺爲与此与與同余呂切

| 鱼 | 魚 | 与 | 與 |
|---|---|---|---|

《敦煌俗字索引》

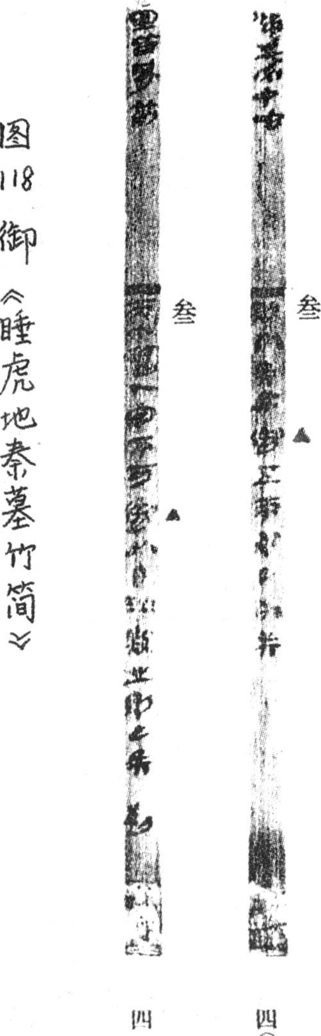


图118 御《睡虎地秦墓竹简》

图 119 云

| | |
|---|---|
| 菁一期一 / 前一期七四三二 | 续一期二四二二 / 乙一期二〇八 |
| 春秋姑发剑 | 说文古文雲作云 |

《古文字类编》

马王堆汉墓竹简

图120　杂

陈光尧《常用简字表》

薯薺藉藍藏蟬蟮覆謫謹
姜荠耤兰藏蝉蟮覆谪谨
豐贅蹤蹟軀轉邇醫醬釐
丰赘踪跡躯转迩医酱厘
鎊鎔鎖鎚鎮闕闖雙雜雞
镑镕锁锤镇阙闯双▲杂鸡

图121　脏

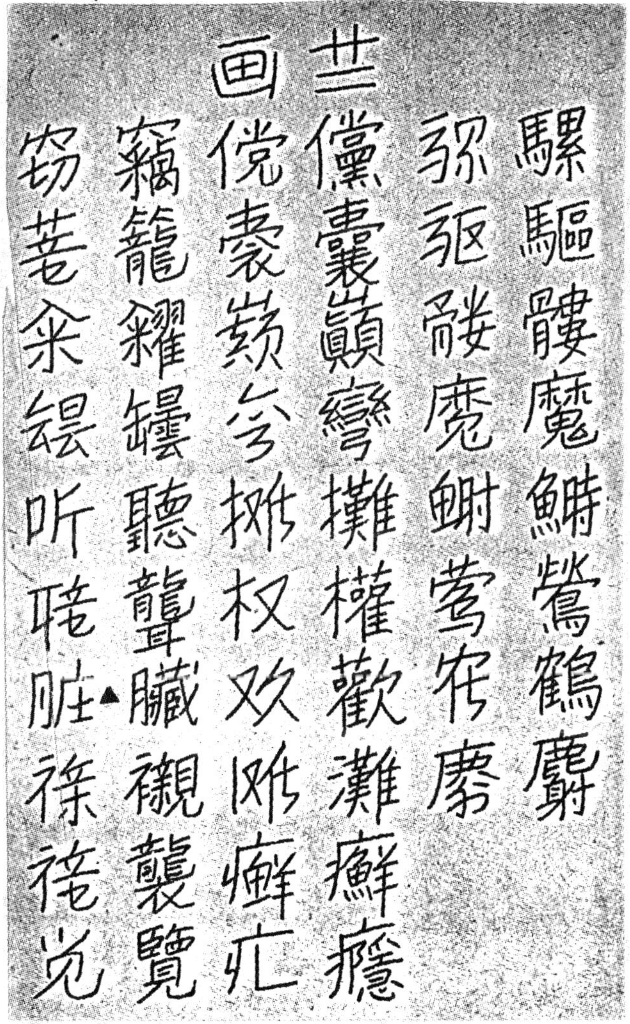

廿一画

騾驅髏魔鰣鶯鶴麝
骡驱髅魔鲥莺鹤麝
儻囊巔彎攤權歡灘癬癮
傥囊巅弯摊权欢滩癣瘾
竊籠羅鑲聽聾臟襯襲覽
窃笼罗镶听聋▲脏衬袭览

陈光尧《常用简字表》

图 122 灶

《古匋(陶)文字征》(左)

坐

金泥下

乍頌墳

命匋正灶祭

灶俗竈字

説文所無五音集韵

图 123 斋

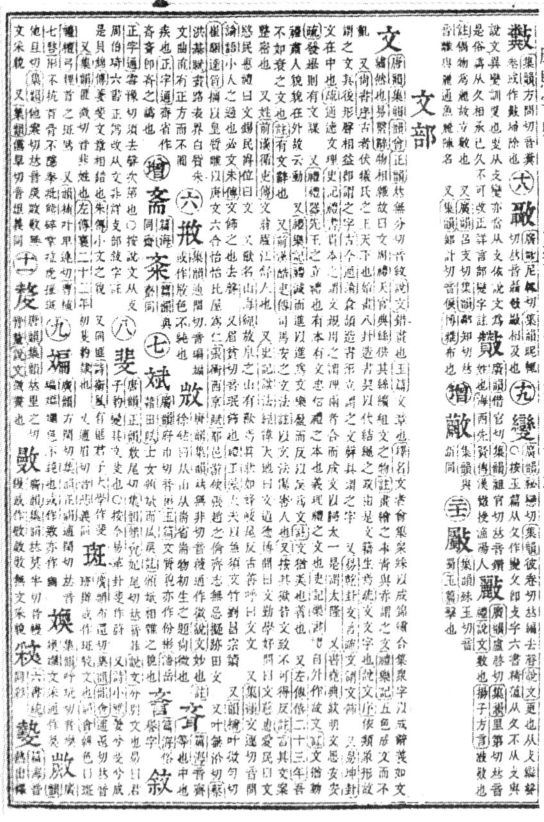

斆 [illegible]

文部

文 [illegible]

斋 [illegible]

[illegible]

鄭

鄭

鄭 世南

鄭 徐鉉

鄭 之儀

鄭 裴休

《草书大字典》

图125 郑

敦煌變文集 卷五 妙法蓮華經講經文

直須認取淨生理，不要貪顛(嗔)沒底沉，
來世示君何處好，西方淨土証▲无生。
頻聽講，學三乘，休向人間定愛憎，
聞健速須求解脫，會取蓮經能不能。
鷹解了，法門開，堪与門徒弥(弭)鄣灾，
淨土碧霄終[四]不遠，遨遊飛去也唱將來。

五〇四

图124 证

图126 质

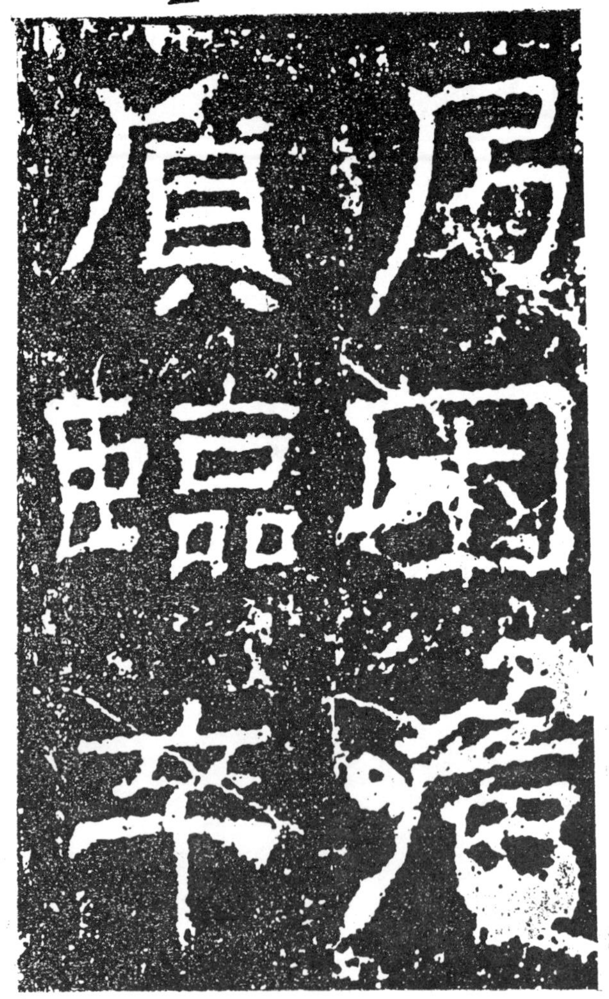

北海相景君铭

《古文字类编》

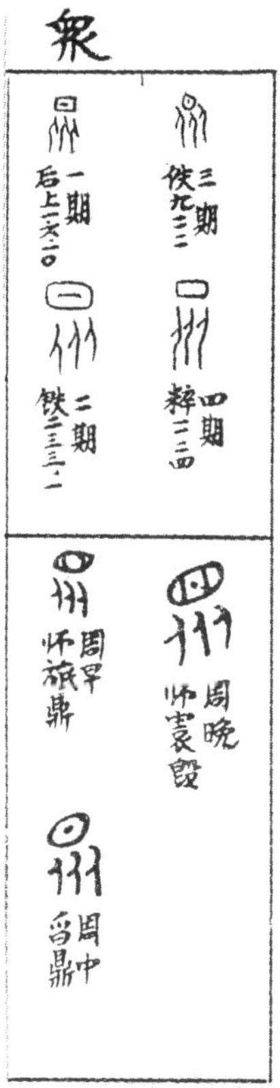

衆

爾 扇 動 縱 任 恐 惡 之

者 衆

王羲之 服食帖

图 127 众

图 128 筑

《睡虎地秦墓竹简》

图129 专

《居延汉简》

(传)

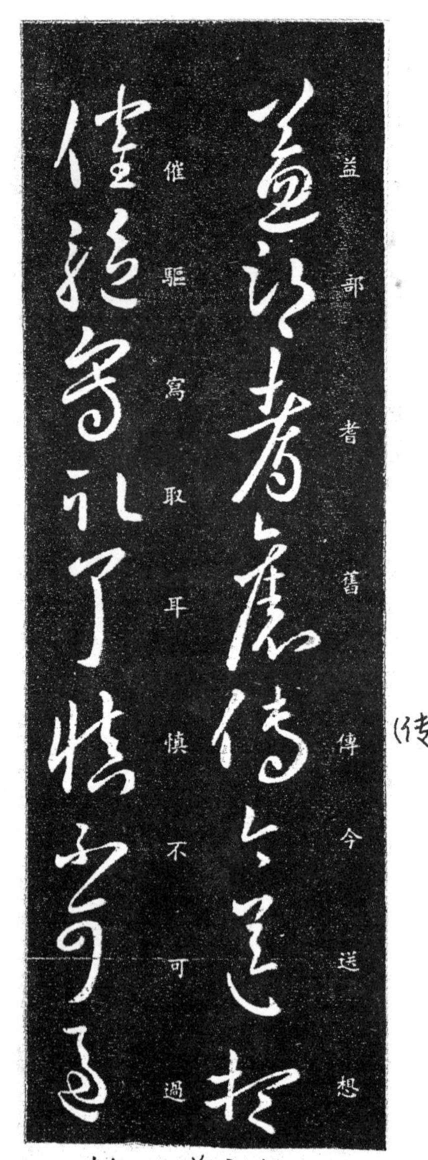


(传)

王献之 益部帖

图 130 庄

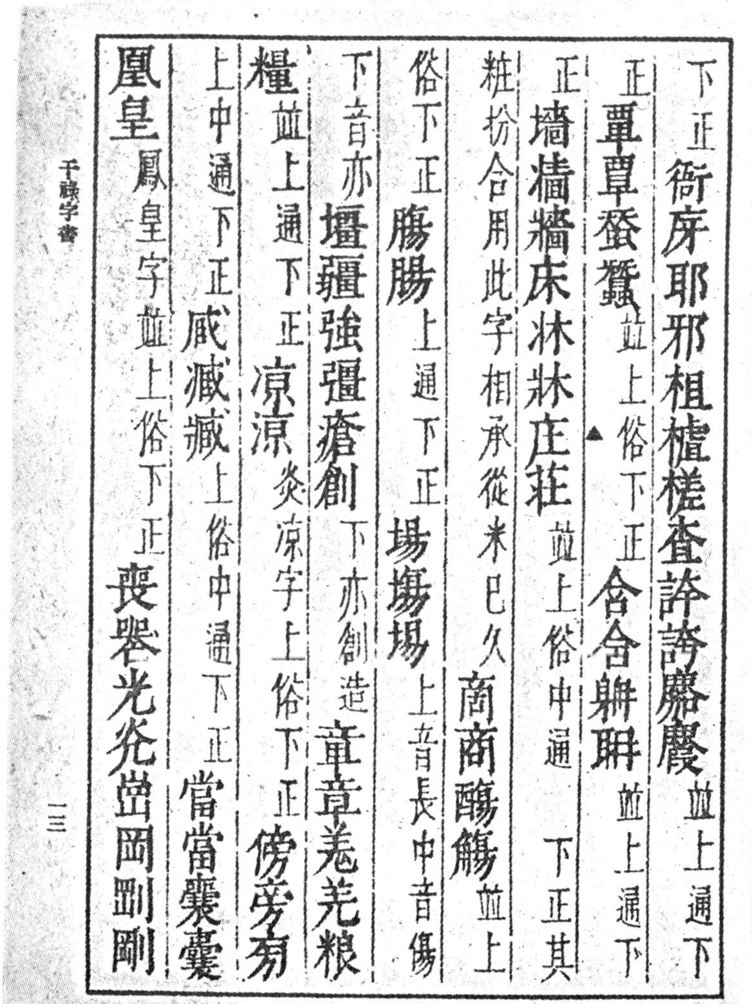

下正 衙庌耶邪柤樝槎查許誇廝廈 並上通下

正 覃覃蠶蠶 並上俗下正 含含躭耽 並上通下

正 墻牆牆床牀牀庄莊 並上俗中通 下正其

粧扮合用此字相承從米已久 商商觴觴 並上

俗下正 膓腸 上通下正 場塲場 上音長中音傷

下音亦 壃疆強彊瘡創 下亦創造 章章羌羌粮

糧 並上通下正 涼涼 炎涼字上俗下正 傍旁旁

上中通下正 咸減臧 上俗中通下正 嘗嘗囊囊

凰皇鳳皇字並上俗下正 喪喪光光岡岡剛剛

干祿字書 三

图 131 壮(1)

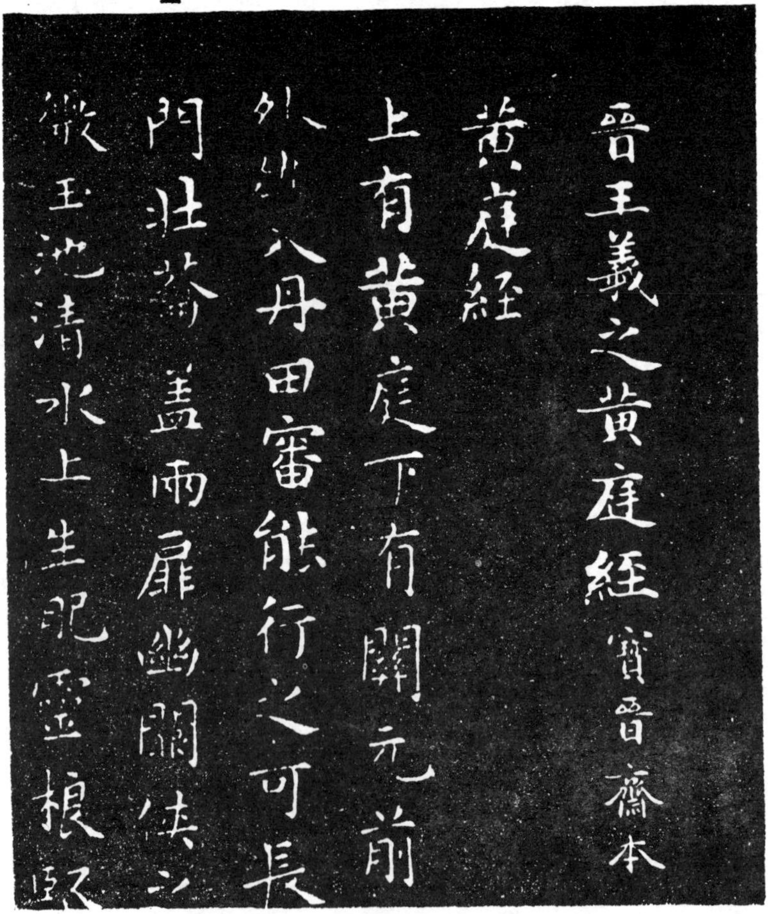

晋王羲之黄庭經 寶晉齋本

黄庭經

上有黄庭下有關元前

外出入丹田審能行之可長

門壯籥蓋兩扉幽闕俠之

微玉池清水上生肥靈根堅

图 132 壮(2)

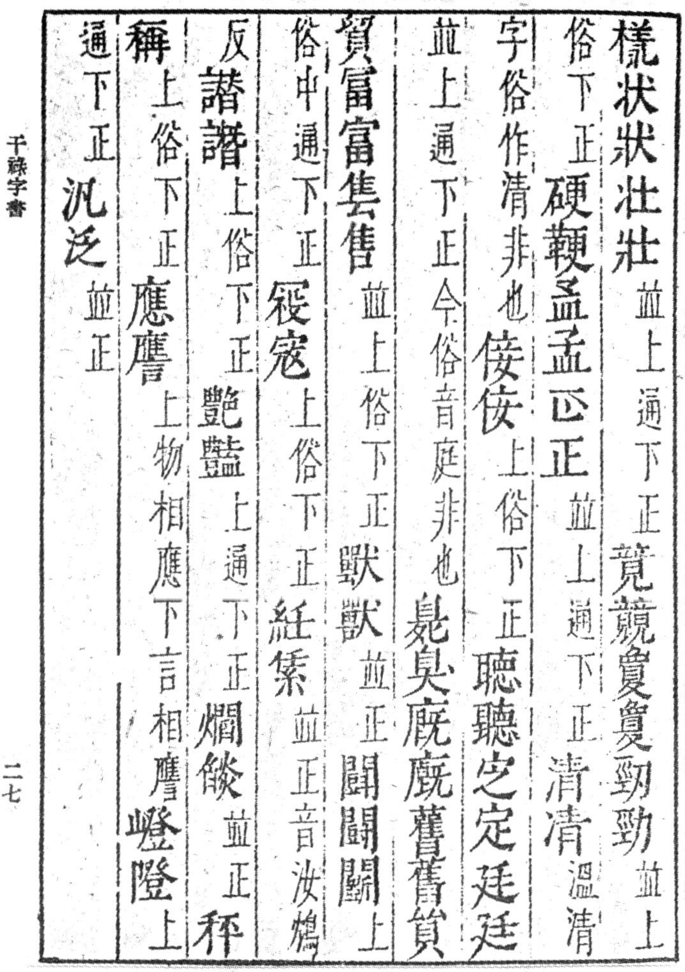

樣状狀壮壯並上通下正竟競夐夐勁勁並上俗下正硬鞕孟孟正正並上通下正清清溫清字俗作清非也倿佞上俗下正聽聽定定廷廷並上通下正今俗音庭非也臰臭廐廐舊舊貸貸富富售售並上俗下正獸獸並正鬪鬪鬭上俗中通下正寢寢上俗下正絍紝並正音汝鴆反譛譖上俗下正艷豔上通下正爓燄並正秤稱上俗下正應譍上物相應下言相譍嶝隥上通下正汎泛並正

干祿字書

二七

图 133 状

《敦煌汉简》

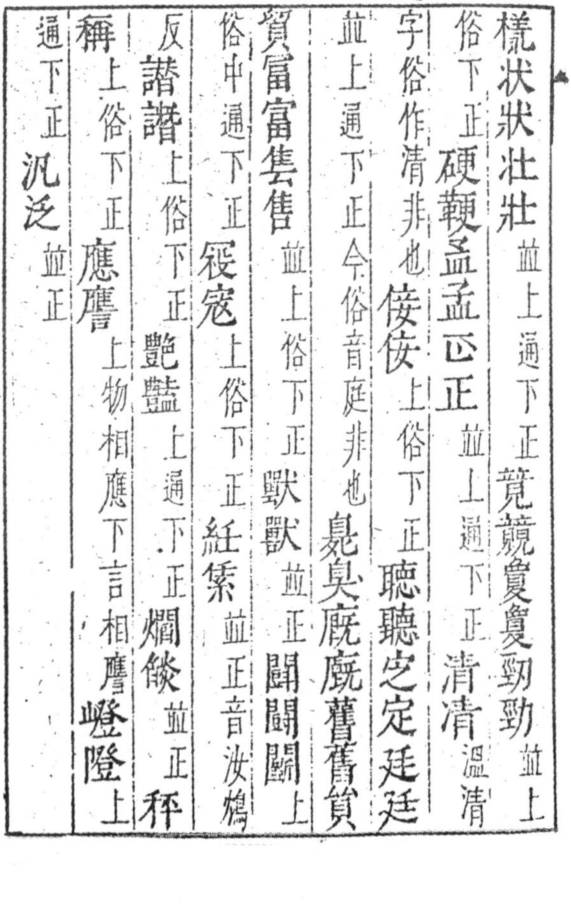

干祿字書

樣狀狀壯壯並上通下正竟競䨳䨳勁勁並上
俗下正硬鞕孟孟㱏正並上通下正清清溫清
字俗作清非也倿佞上俗下正聽聽㝎定廷廷
並上通下正今俗音庭非也臬臭麁麁䕶舊貿
貿富富售售並上俗下正獸獸並正鬪鬪鬭上
俗中通下正寢寇上俗下正絍絭並正音汝鴆
反譛譖上俗下正艶艷上通下正爛爓並正秤
稱上俗下正應膺上物相應下言相膺嶝隥上
通下正汎泛並正

二七

图 134 准

《隶辨》

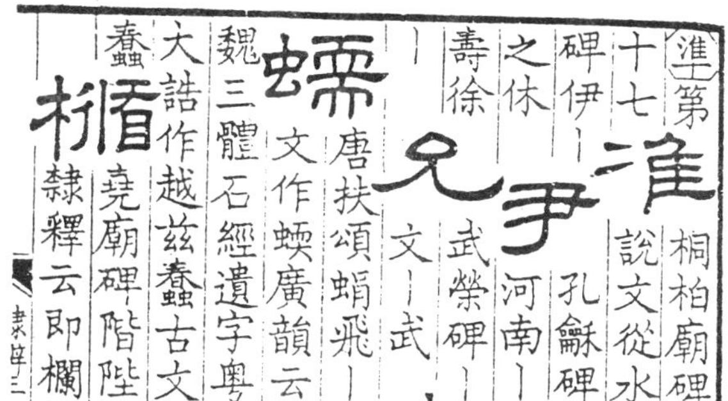

準第十七

**淮** 桐柏廟碑丨則大聖（按）準則之準說文從水從隼玉篇云俗作准

**尹** 孔靇碑伊丨之休

**尹** 孔龢碑河南丨

**尹** 華山廟碑會遷京兆丨

**允** 景北海碑陰平壽徐丨

**允** 武榮碑丨文丨武

**允** 夏承碑丨道萬愛

**狁** 尹宙碑武襄獫丨

**蠕** 唐扶頌蝟飛丨動（按）說文作蝡廣韻云或作蠕

**蠢** 張納功德敘滔天丨動

**載** 魏三體石經遺字粤茲丨隸續云載即蠢字（按）周書大誥作越茲蠢古文尚書與此碑同說文云載古文蠢

**楯** 堯廟碑階陛欄丨隸釋云即欄楯字

隸辨三

391

图135 讠

《简牍帛书字典》

计

計 计 计 计 计 计 计 居延 計 敦煌 計 計 計 计 计 計

记

記 記 讠 訁 記 記 訖 記 居延 記 記 記 記 記 記 記 記 記

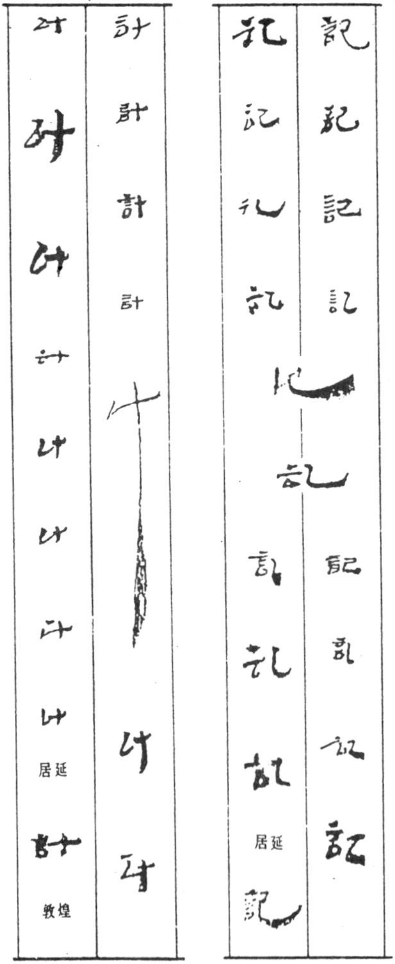

（详）王羲之 钟繇千字文

詳 顧 藉 甚 母 嫡 後 稽

稿 席 倣 理 誰（谁）逼 委

图 136

纟

(绩)

1145

(纯)

《居延汉简》

侍巾绩御再拜

侍 巾 績 御 再 拜

王羲之 钟繇千字文

北魏 元略墓志

图137 収

仁遠比堅頗神牘特

仁 連 比 堅 頗 神 牘 特

王羲之 钟繇千字文 (坚)

图138 苎

重世逢時翼主齊期佐帝運(荣)縈經綸

歐阳询 皇甫诞碑 452

縈

馬王堆簡

《简牍帛书字典》

史　游　急就章　**16**

**65**　皇　象　急就章

图140 至

马王堆帛书

左：《老乙·卷前古佚书》

下：《五十二病方》

(颈)

(经)

三〇下 三一下 三二下 三三下 三四下

爨龙颜碑 80

图141 亦

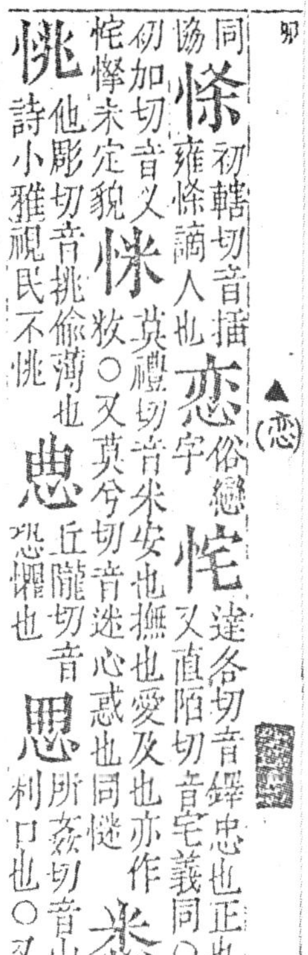

卯

同協

憏 初轄切音插 雍憏讁人也

恋 俗戀字

▲（恋）

恡 逹各切音鐸忠也正也○又 又直陌切音宅義同○又

㓦加切音乂 恎惾未定貌

㥸 莫禮切音米安也撫也愛及也亦作敉○又莫兮切音迷心惑也同㥸

[illegible] 同悉

恌 他彫切音挑偷薄也詩小雅視民不恌

[illegible] 丘隴切音恐懼也

恖 所姦切音山疾利口也○又思

七

《字汇·心部》

图142 备

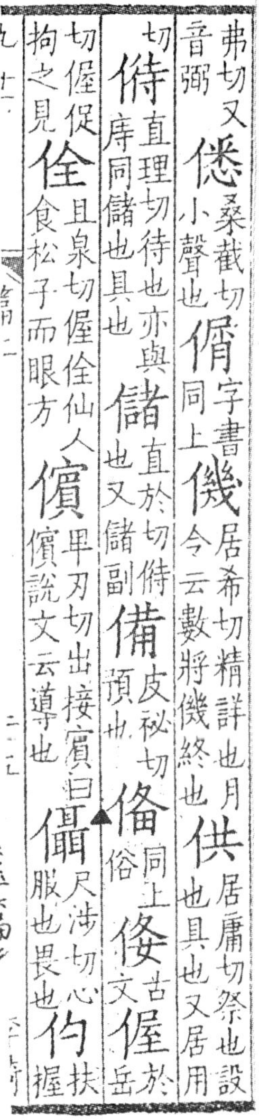

弗切又音弼

僁 桑截切小聲也

僩 字書同上

僟 居希切精詳也月令云數將僟終也

供 居庸切祭也設也具也又居用

切

偫 直理切待也亦與庤同儲也具也

儲 直於切偫也又儲副

備 皮秘切預也

▲俻 同上俗

倭 古文

偓 於岳

切偓促拘之見

佺 且泉切偓佺仙人食松子而眼方

儨 畀刃切出接賓曰儨說文云導也

[illegible] 尺涉切心服也畏也

仢 扶握

九 十二

第二

二一九

《玉篇》

49

图143 标

《草书大字典》

標

摽 羲之

▲標 劉岑

標 王寵

十六 標 葉山房

676

图144 仓

倉 倉 穀藏也倉黃取而藏之故謂之倉从食省口象倉形 凡倉之屬皆从倉七岡切 仝 奇字倉

牄 牄 鳥獸來食聲也从倉爿聲虞書曰鳥獸牄牄七羊切

文三 重一

文二 重一

《说文·仓部》

图145 层

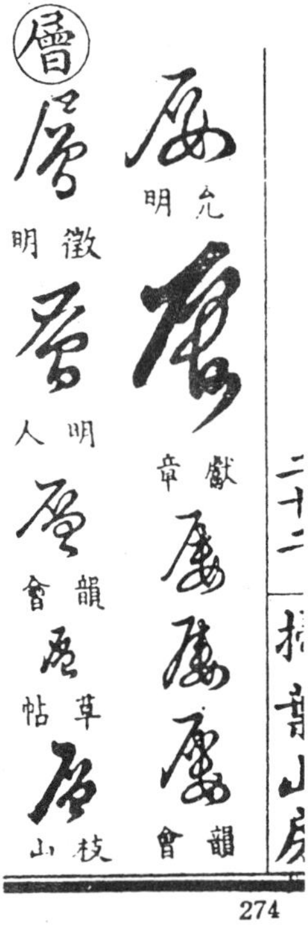

(層)

明允 明徵 獻章 明人 韻會 草帖 韻會 枝山

274

《草书大字典》

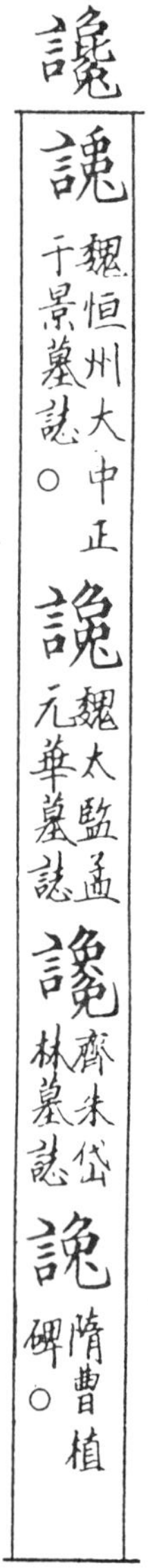

图146 逸

䜢

魏恒州大中正于景墓誌○

魏太監孟元華墓誌

齊朱岱林墓誌

隋曹植碑○

《碑别字新编》

图147 缠

隋 张夫人墓志

異室未常不流涕歔
欷悲纏左右同堂姑

孫季子翊衛景陽痛
深吹棘悲纏集蓼思

唐·王府君墓志

图 148 车

車

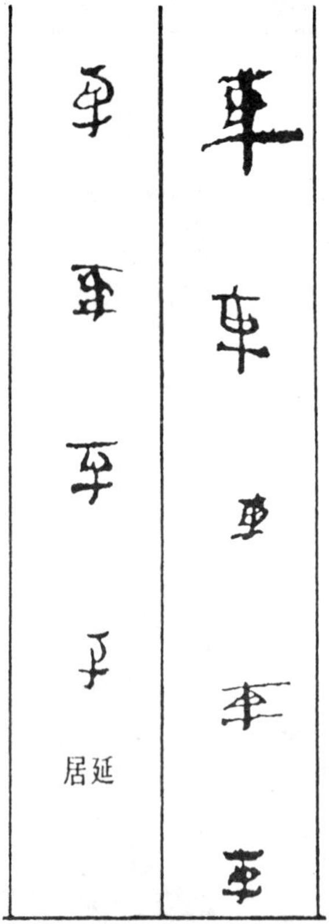

王羲之 鹘等帖

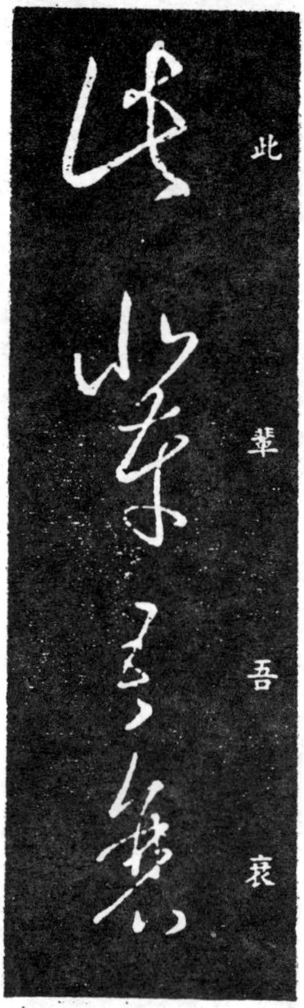

此

辈 (輩)

吾

衰

居延

《简牍帛书字典》

# 图149 迟

左：《简牍帛书字典》

下：《说文解字》

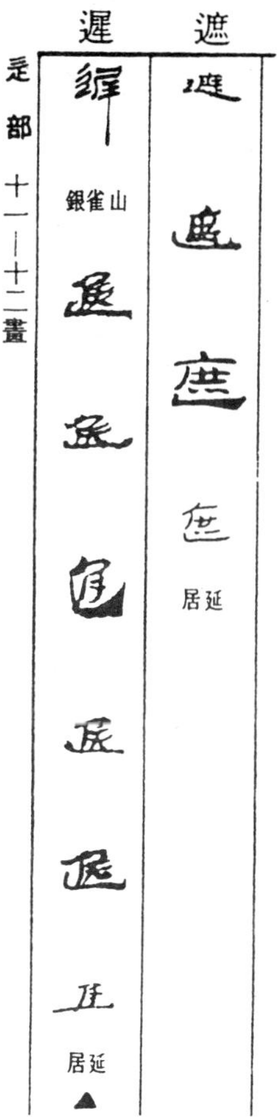

辵部 十一—十二畫

遟　遮

銀雀山

居延

居延

說文二下 辵部 四

還　選　送　遣　邐　逮　遲　遾

還 復也从辵瞏聲戶關切

選 遣也从辵巽巽遣之巽亦聲一曰選擇也思沇切

送 遣也从辵𠊓省蘇弄切 䢠 籒文不省

遣 縱也从辵𦺈聲去衍切

邐 行邐邐也从辵麗聲力紙切

逮 唐逮及也从辵隶聲臣鉉等曰或作迨徒耐切

遲 徐行也从辵犀聲詩曰行道遲遲直尼切 迡 遲或从尸 遟 籒文遲从屖

遾 徐也从辵黎聲郎奚切

图150 带

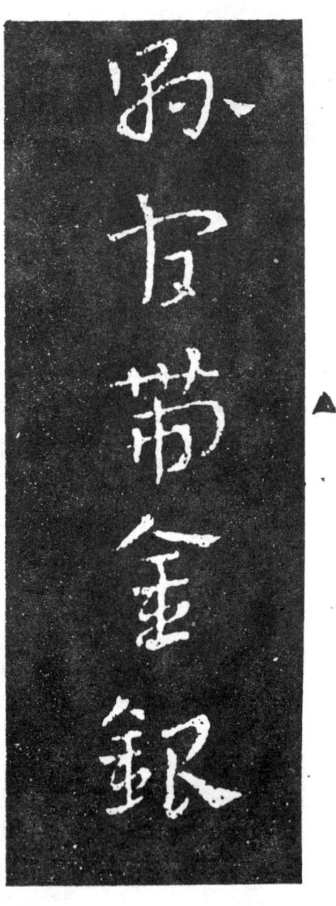

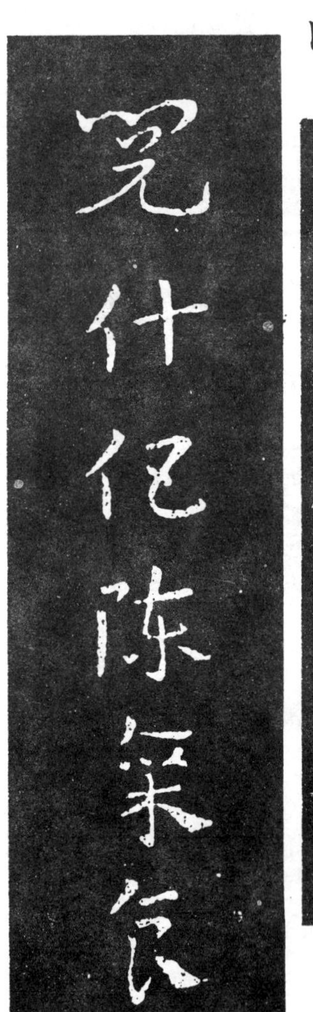

史 游　　急就章

图151 发

（王羲之）

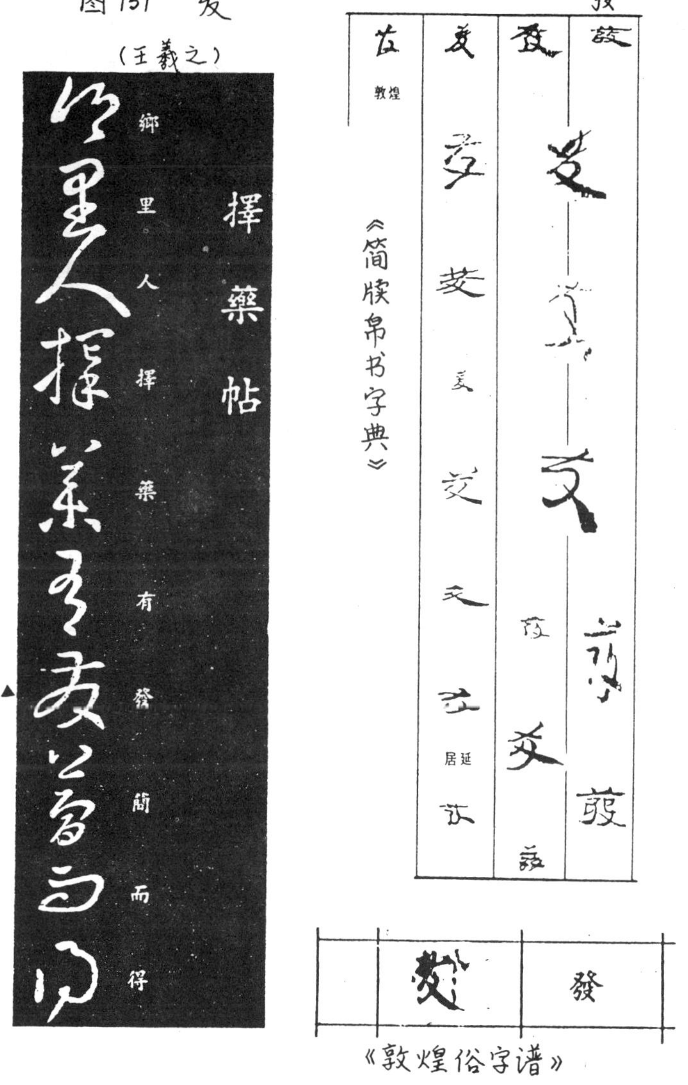

图152 飞

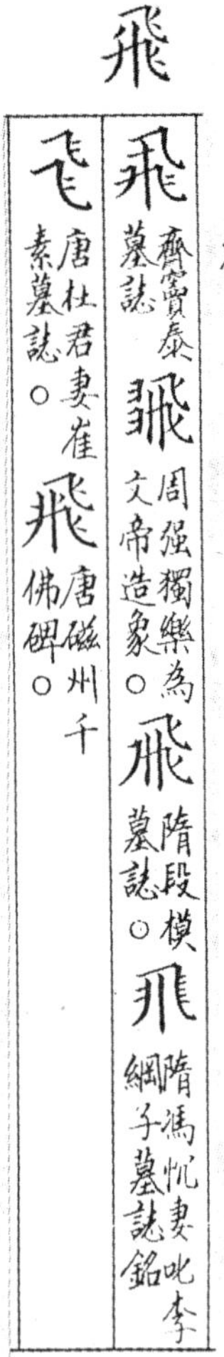

飛

| 飛 齊竇泰墓誌 𩙲 周强獨樂為文帝造象 飛 隋段模墓誌 飛 隋馮忱妻叱李綱子墓誌銘 |
| --- |
| 飞 唐杜君妻崔素墓誌 飛 唐磁州千佛碑 |

《碑别字新编》

图153 关

《敦煌汉简》

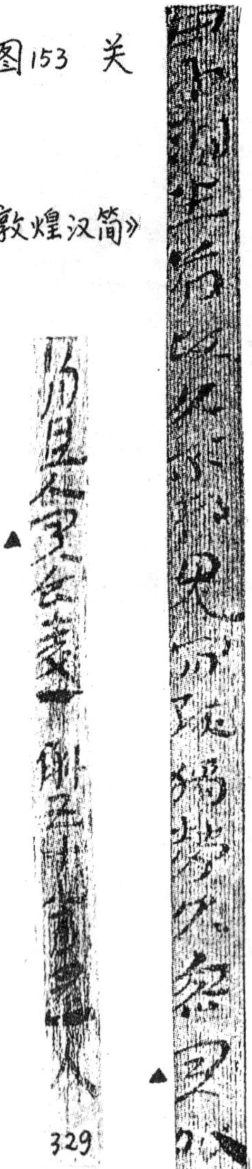

329

图154

壶

《草书大字典》

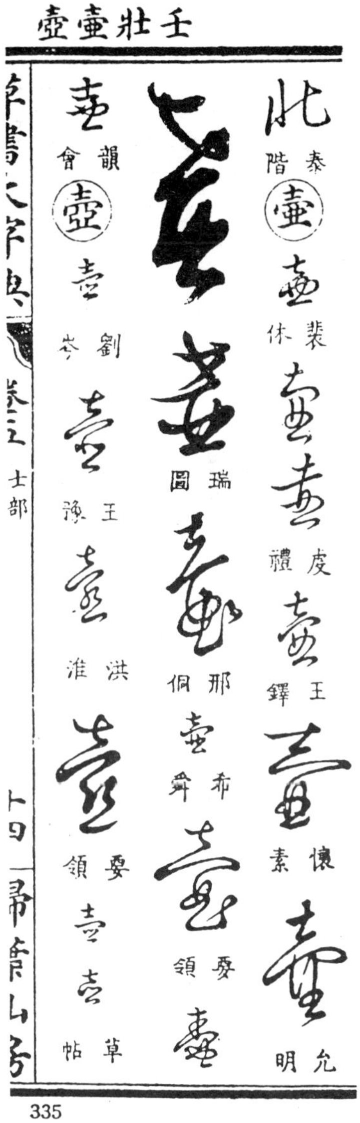

壺壼壯壬

草書大字典 卷之 士部

秦 階

韻 會

壺

裴 休

劉 岑

皮 禮

王 澤

王 除

瑞 圖

洪 淮

邢 侗

懷 素

布 舜

耍 領

耍 領

草 帖

允 明

335

图155

浆

《简牍帛书字典》

漿

漢帛書(马王堆)

武威

隸辨

猣 犬容頭進也从犬參聲一曰賊疾也 山檻切

朕 犬屬之也从犬將省聲 即兩切

獟 齧也从犬戔聲 初版切

204

《说文·犬部》

图 156 奖

概 槪 庭過

槩 𣘙 仝

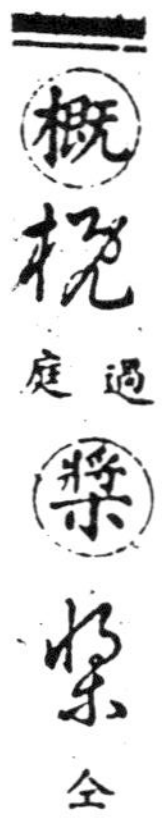

《草书大字典》

图 157 桨

《说文·酉部》

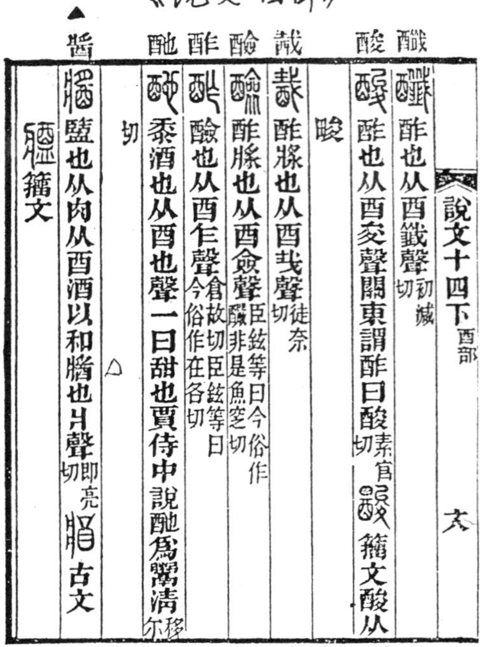

說文十四下 酉部 太

釃 酢也从酉韱聲 初減切

酸 酢也从酉夋聲關東謂酢曰酸 素官切 䤚 籀文酸从

晙

酨 酢漿也从酉𢦏聲 徒奈切

醶 酢漿也从酉僉聲 臣鉉等曰今俗作醶非是 魚窆切

酢 醶也从酉乍聲 倉故切臣鉉等曰今俗作在各切

酏 黍酒也从酉也聲一曰甜也賈侍中說酏為鬻清 尔移切

醬 醢也从肉从酉酒以和醬也爿聲 即亮切 㽨 古文 △

䤄 籀文

图 158 酱

图159 丽



麗

與聲。羊茹切。五部。麗旅行也。此麗之本義。其字本作丽。旅行之象也。後乃加鹿耳。周禮麗馬一圉。八麗一師。注曰。麗耦也。禮之儷皮。左傳之伉儷。說文之驪駕。皆其義也。兩相附則爲麗。易曰。離麗也。日月麗乎天。百穀艸木麗乎土。是其義也。麗則有耦可觀。㸚部曰。麗爾猶靡麗也。是其義也。兩而介其間亦曰麗。離卦之一陰

十篇上　卅三

麗二陽是也。鹿之性見食急則必旅行。此說从鹿之意也。見食急而猶必旅行者義也。小雅呦呦鹿鳴食野之苹。傳曰。鹿得苹。呦呦然鳴而相呼。懇誠發乎中。以興嘉樂賓客。當有懇誠相招呼以成禮也。北史裴安祖聞講鹿鳴。而兄弟同食。古文祇作丽。後乃加鹿之意如是。从鹿丽。各本丽下有聲字。今正。从鹿五經文字作从鹿省。蓋張氏所據如是。故隸書多作麗。少一畫。郎計切。十五部。禮。麗皮納聘。蓋鹿皮也。聘禮曰。上介奉幣儷皮。士冠禮主人酬賓束帛儷皮。儷即麗之俗。鄭注儷皮兩鹿皮也。鄭意麗爲兩。許意麗爲鹿。其意實相通。士冠注曰。古文麗爲離。丽古文。𠕞篆文麗字。古本皆作篆文。毛刻作籀文。集韵、類篇曰。古作丽、𠕞。玉篇又乖異不同。廣韵則麗、丽各字。疑丽者古文。麗者籀文。𠕞者小篆也。然小篆多用麗爲形聲。

▲

文二十六　今刪𨘋。　重六

图160 炼

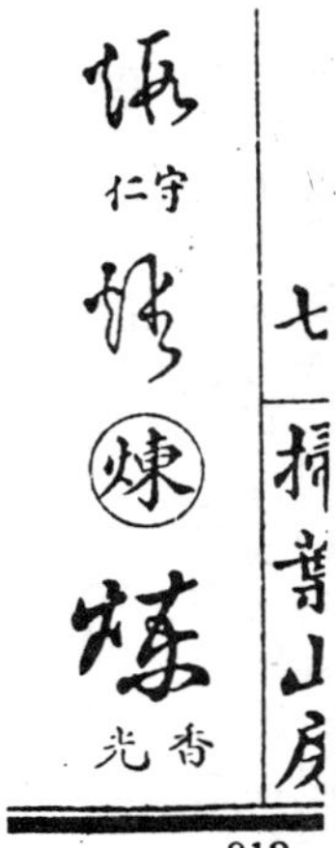

仁守

炼

光香

七 捐 叶山房

812

《草书大字典》

图161 龙

隋·龙藏寺碑 206

图162 虜

虜

漢帛書

居延

敦煌

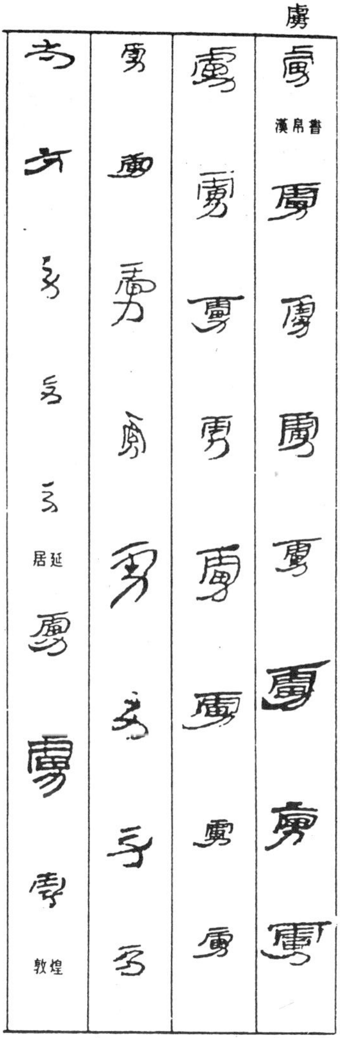

《简牍帛书字典》

图163 买

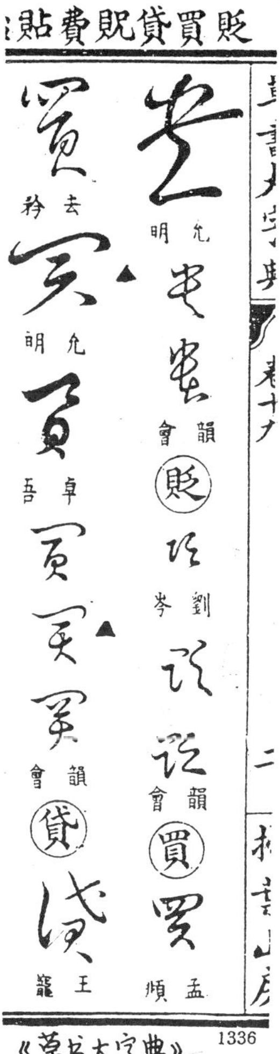

貶買貸貺費貼

明允

会韻

劉岑

去矜

明允

卓吾

會韻

孟頫

王寵

1336

《草书大字典》

图 164 鸟

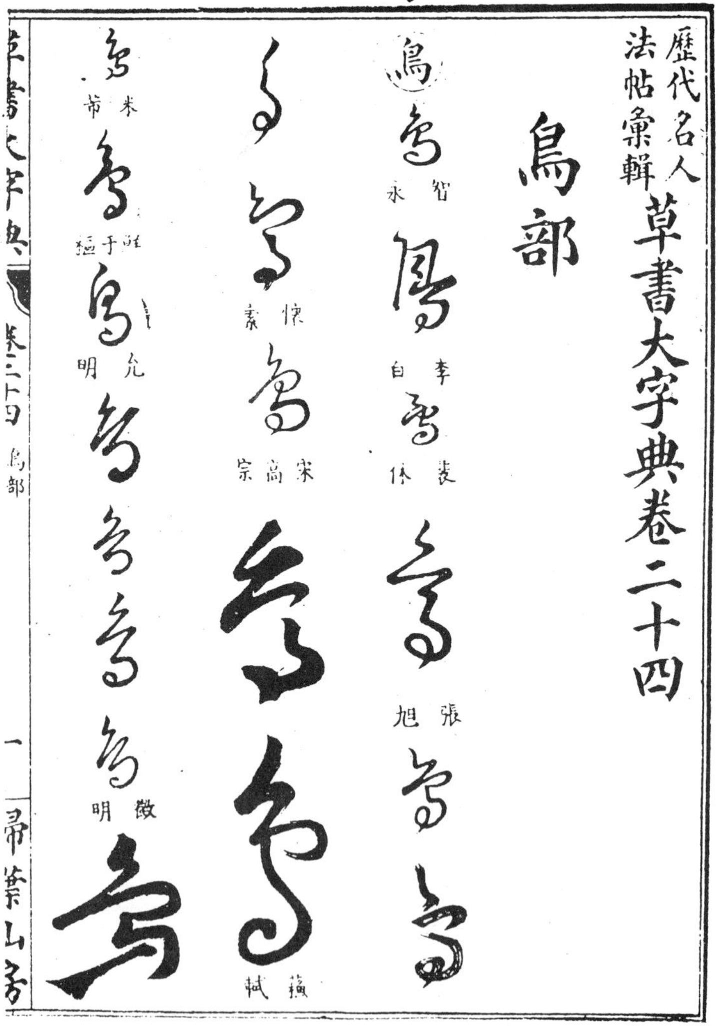

歷代名人法帖彙輯草書大字典卷二十四

鳥部

鳥

智永

李白

裴休

張旭

懷素

宋高宗

蘇軾

米芾

鮮于樞

祝允明

文徵明

草書大字典 卷二十四 鳥部 一

掃葉山房

图 166 岂

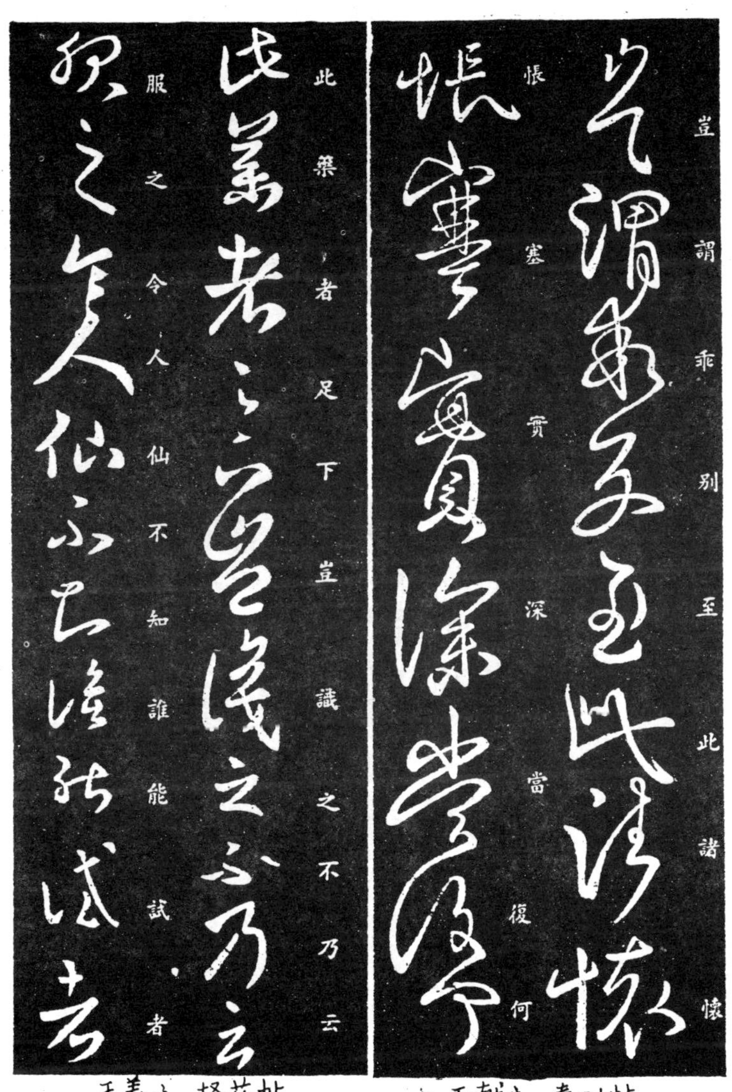


王羲之 择药帖　　王献之 奉对帖

图 165
农
陈光尧《常用简字表》

▲

图 167 佥（检）

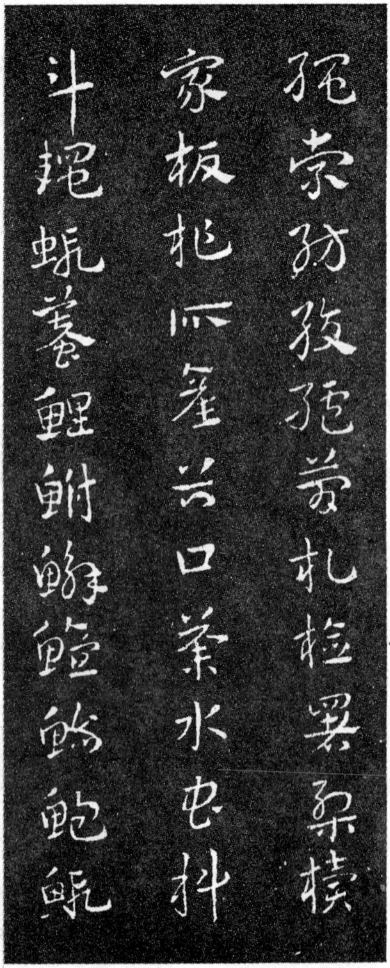

7 史游 急就章

图 168　牵

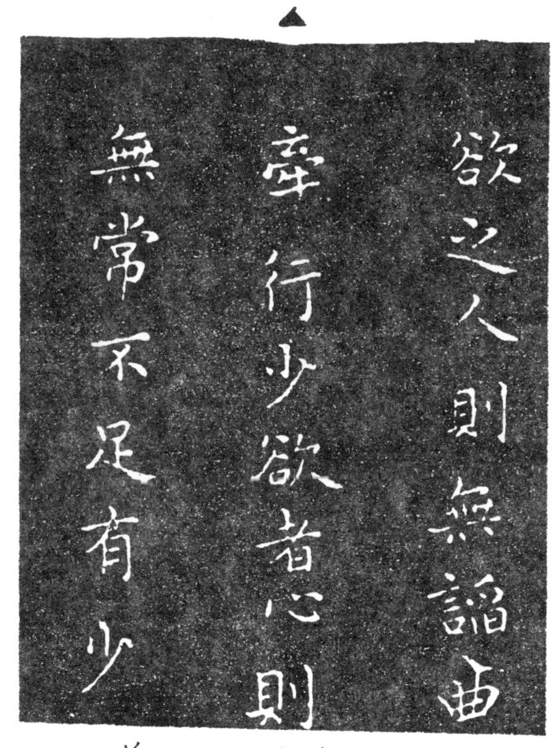


王羲之　佛遗教经

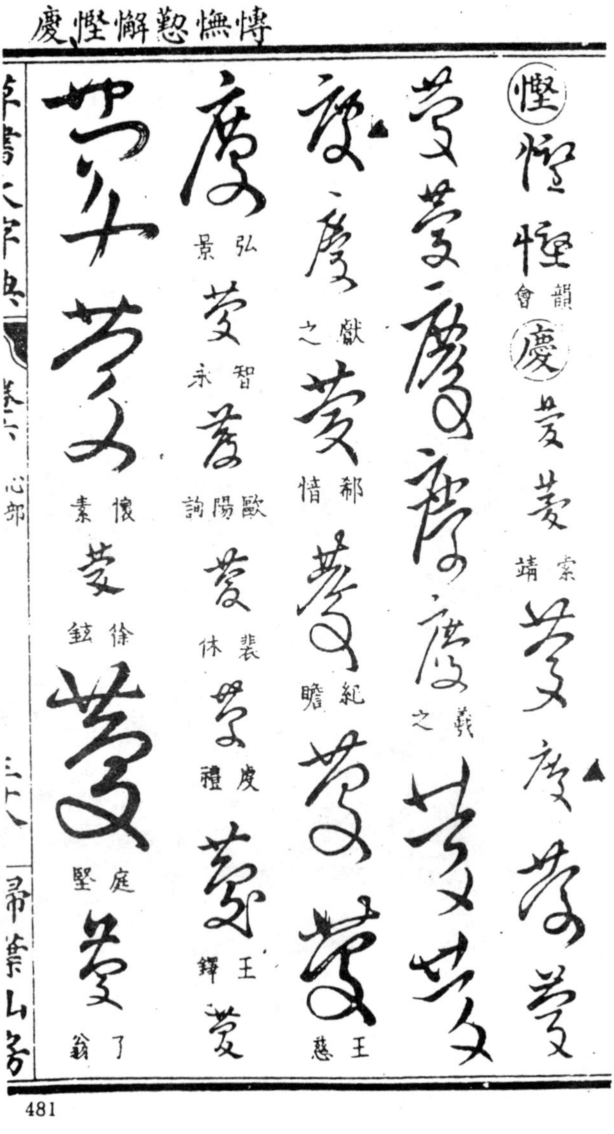

慳

韻會

慶

索靖

羲之

獻之

郗愔

紀瞻

王慈

弘景

智永

歐陽詢

裴休

虔禮

王鐸

懷素

徐鉉

庭堅

了翁



图169 庆 《草书大字典》

图170 书

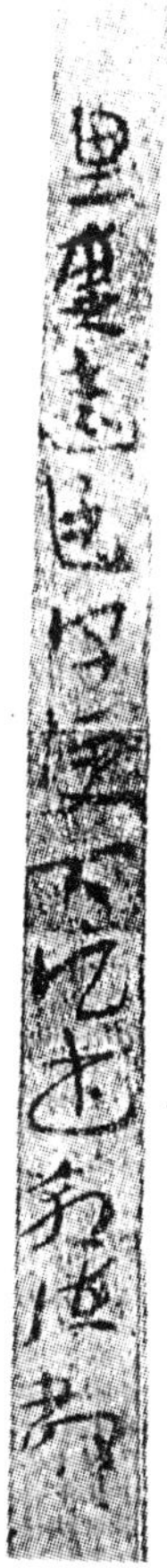

《敦煌汉简》

《居延汉简》

所愛賞錫名貴男年
廿歸于蔡氏結禱表
飾重錦增暉冪酒陳
其肅恭咸盥宣其匜

图171 肃 隋·张夫人墓志

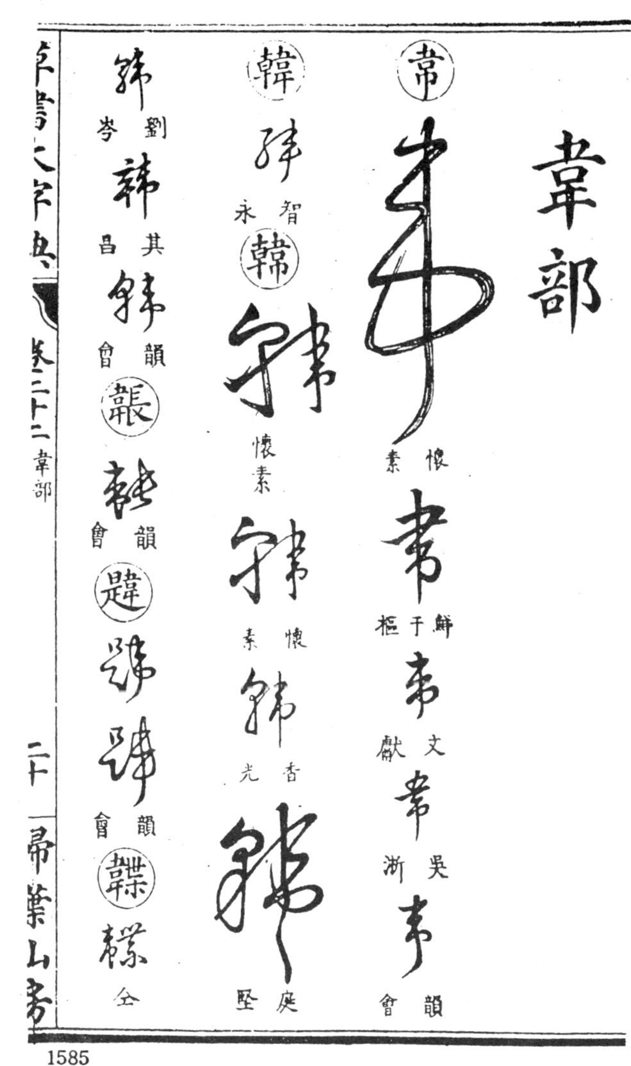

1585

图172 韦 《草书大字典》

图173 乌

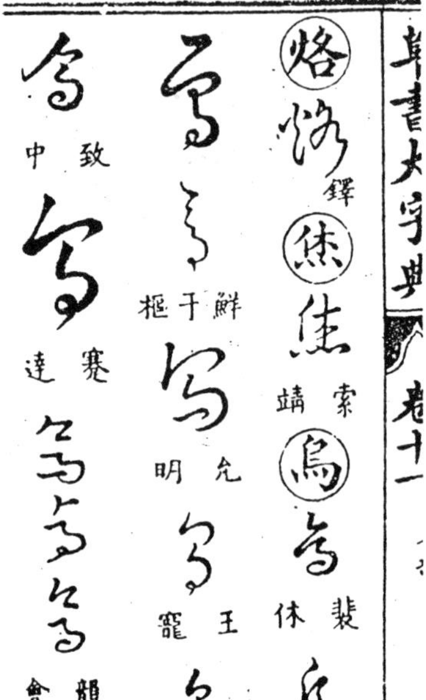

草書大字典 卷十一 掃葉山房

烙 鐸 烋 索靖 烏 裴休 虔禮 蘇軾 庭堅

鮮于樞 允明 王寵 其昌 卓吾 登名 聞喆

致中 蹇達 韻會

《草书大字典》

图174 写

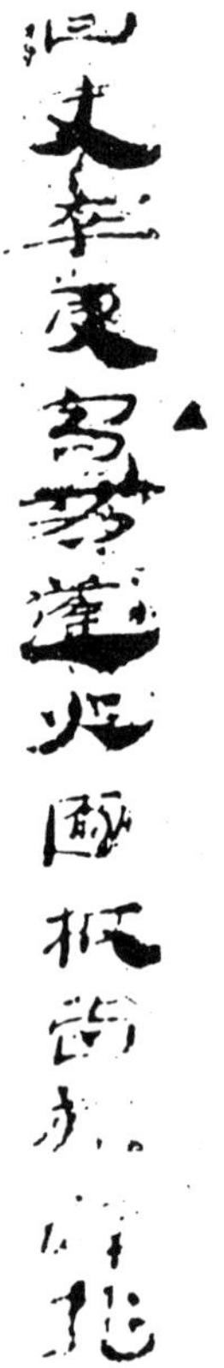

《居延汉简》

## 图175 寻 《碑别字新编》

尋 魏元肅墓誌 尋 魏元周安墓誌 尋 魏王誦墓誌 尋 魏于纂墓誌 尋 魏比丘洪寶造象 ○ 尋 魏高湛墓誌 ○ 尋 魏比丘道瓆記 ○ 尋 魏孔羨碑 ○ 尋 魏皇甫驎墓誌 ○ 尋 魏敬使君碑 ○ ▲尋 魏涇州刺史奚康生造象碑 ○ 尋 魏江陽王元乂墓誌 ○ 尋 魏鉅平縣侯元欽神銘 ○ 尋 魏潁川太守元襲墓誌 ○ 尋 齊太府卿元賢墓誌 ○ 尋 齊法懃禪師塔銘 ○ 尋 齊董洪達造象記 ○ 尋 齊劉碑造象 ○ 尋 齊高叡修寺碑 ○ 尋 齊比丘惠瑛造象 尋 周強獨樂為文帝造象記 ○ 尋 周顏那米造象記 尋 隋張景略銘 ○ 尋 隋滕王子楊厲墓銘 ○ 尋 隋故梁環墓誌銘 尋 隋高虬墓誌 尋 唐李璉墓誌 ○ 尋 唐龐履溫碑

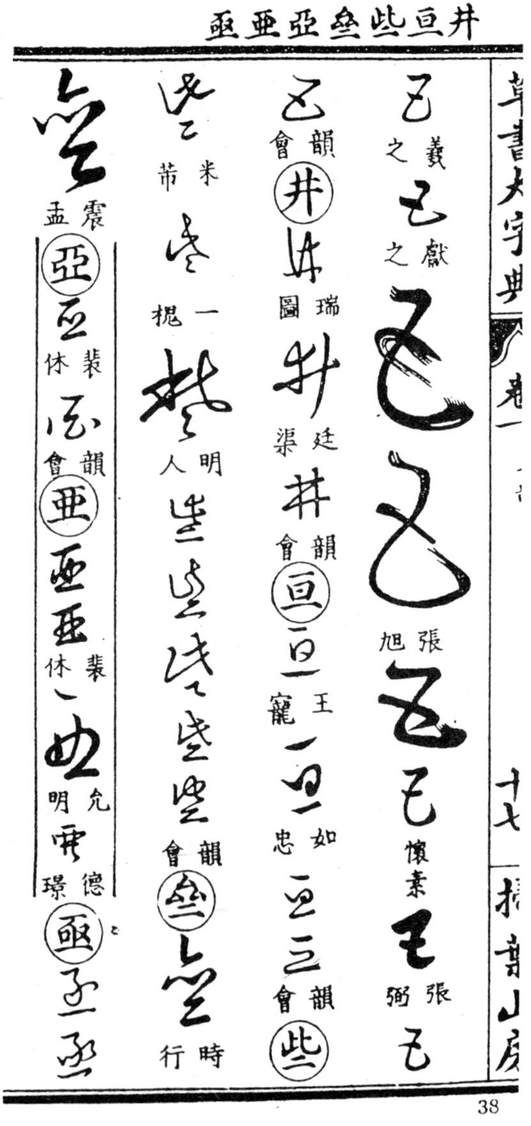

草書大字典 卷一 二十七 掃葉山房

義之 獻之 張旭 懷素 張弼

韻會 井 瑞圖 廷渠 韻會 亘 王寵 如忠 韻會 些

米芾 一梶 明人 韻會 亟 時行

震孟 亞 裴休 韻會 亜 裴休 允明 德璟 亟



图176 亚 《草书大字典》

图177 盐

鹽部第二百二十六凡四字 鹽弋占切宿沙煑海爲鹽 𥂁同上 塩同上俗 盬公戶切鹽也又蒼猝也姑也不堅固也

𡈼部第二百二十七凡八字 𡈼他井切善也證也召也成也驗也審也虛也 現胡殄切大坂也亦作垷 徵陟陵切召也又陟里

《玉篇》

143 石门铭

图178 尧

尧
頫孟

圖瑞

吾卓

章獻

詔閒

《草书大字典》

图179 仓

《敦煌汉简》

(馀)

113

43

(食)

(饮)

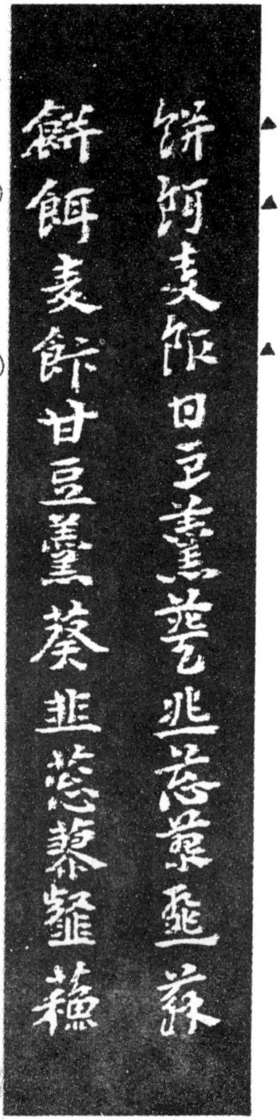

皇象 急就章 80

图 180 昜

伤（伤）

阳（阳）

居延汉简

509

1911

揚

居延

敦煌

武威

皇象急就章

王羲之严君平帖

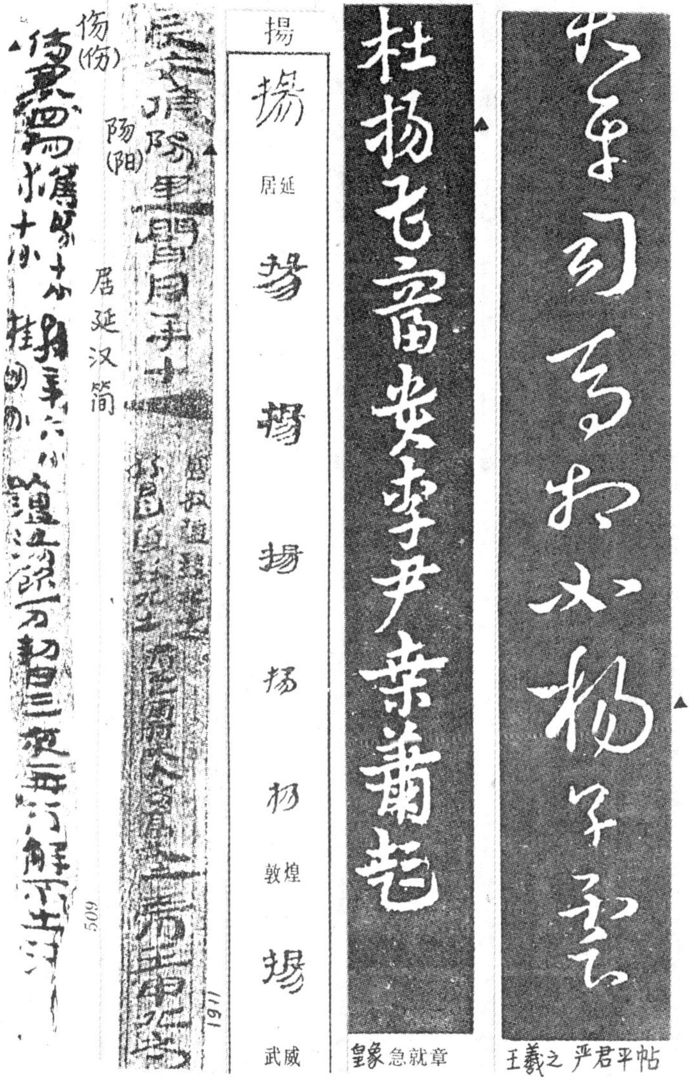

图181 金《简牍帛书字典》

| 鍉 | 錮 | 銅 | |
| --- | --- | --- | --- |
| 居延 | 居延 | 居延 | 信陽楚簡<br>秦簡 |

图 182 刅

《隶辨》

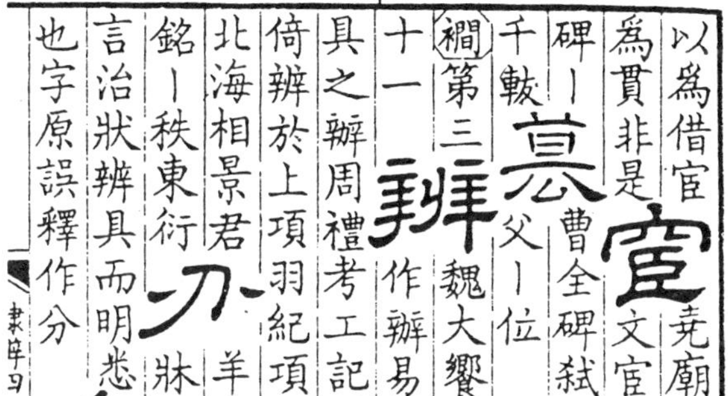

以爲借宧

宧 堯廟碑宧位丨學按說爲貫非是

文宧從宀碑變從穴

㝛 冀州從事郭君碑丨曹全碑弑

造槁碑丨

𢧴 父丨位千𢧴

棧 格陵陵

辧 魏大饗碑戎備素丨按廣韻辧具也俗作辦易剝卦剝牀以辨釋文云辨音辧具之辧周禮考工記以辨民器史記秦始皇紀倚辨於上項羽紀項梁常爲主辦辦皆作辨

辦 十一

襇第三

刅 北海相景君銘丨秩東衍

羊竇道碑治狀丨明按易剝卦剝牀以辨古周易作刅詳碑文義蓋言治狀辨具而明悉

釆 司農劉夫人碑甄丨其口按說文釆辨別也讀若辧也字原誤釋作分

579

隶辨 四

五三

图183 览

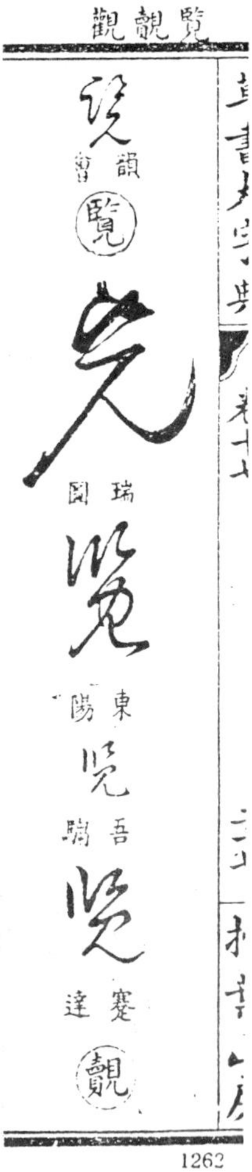

觀靚覽

覽 智 韻

覽

瑞 圓

覽

東 陽

覽

吾 鴟

覽

蹇 達

覯

1262

《草书大字典》

图184 电

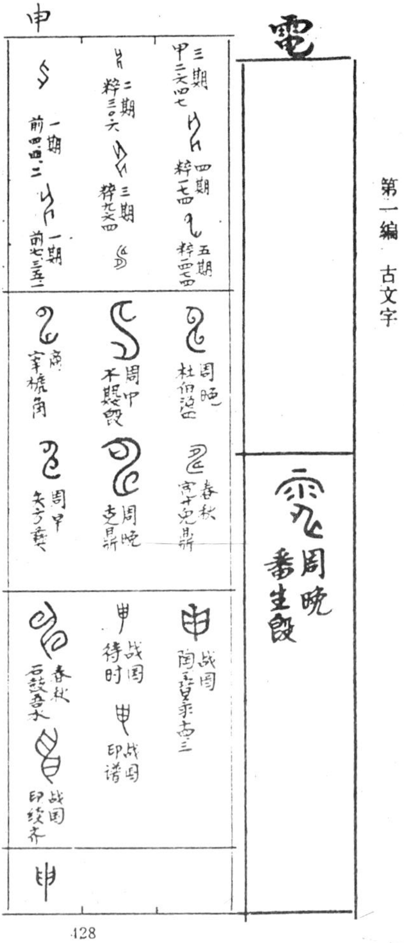

電

申

《古文字类编》

第一编 古文字

# 汉语拼音索引

说明：①括号中的数字指本书页码；②简化偏旁附在最后，按笔画数排列。

D

# 简化字始见时代一览表
## （一、二类字）

**先秦** 冲（衝） 虫（蟲） 从（從） 达（達） 尔（爾） 范（範） 丰（豐） 个（個） 巩（鞏） 谷（穀） 后（後） 回（迴） 获（獲—穫） 荐（薦） 借（藉） 卷（捲） 克（剋） 夸（誇） 累（纍） 里（裏） 历（歷—曆） 粮（糧） 麦（麥） 蒙（矇濛懞） 辟（闢） 凭（憑） 朴（樸） 启（啓） 气（氣） 洒（灑） 舍（捨） 涂（塗） 万（萬） 网（網） 无（無） 向（嚮） 须（鬚） 痒（癢） 踊（踴） 余（餘） 郁（鬱） 御（禦） 云（雲） 征（徵） 制（製） 钟（鍾—鐘） 筑（築）（一类）电（電） 丽（麗） （二类）

**秦汉** 贝（貝） 才（纔） 长（長） 单（單） 当（當—噹） 东（東） 堕（墮） 粪（糞） 复（復 複） 盖（蓋） 干（乾 幹） 汉（漢） 号（號） 胡（鬍） 继（繼） 夹（夾） 将（將） 据（據） 来（來） 乐（樂） 垒（壘） 离（離） 礼（禮） 门（門） 扑（撲） 千（韆） 秋（鞦） 沈（瀋） 时（時） 属（屬） 孙（孫） 台（臺） 洼（窪） 为（爲） 系（係 繫） 衅（釁） 隐（隱） 鱼（魚） 与（與） 质（質） 致（緻） 准（準） 讠（言） 纟（糹） ⺍（𦥯） （一类）

仓（倉） 车（車） 迟（遲） 带（帶） 发（發） 关（關） 浆（漿） 奖（獎） 酱（醬） 虏（虜） 佥（僉） 书（書） 韦（韋） 写（寫） 饣（飠） 昜（易） 钅（釒） （二类）

**魏晋南北朝** 笔（筆） 递（遞） 淀（澱） 断（斷） 肤（膚） 国（國） 合（閤） 了（瞭） 乱（亂） 确（確） 丧（喪） 随（隨） 袜（襪） 赃（贜） 折（摺） 只（衹） 壮（壯） ⺾（巠） （一类）

牵（牽） 庆（慶） 肃（肅） 寻（尋） 盐（鹽） 尧（堯）

（二类）

**隋唐** 碍(礙) 宝(寶) 蚕(蠶) 尘(塵) 籴(糴) 冬(鼕) 顾(顧) 刮(颳) 还(還) 尽(盡 儘) 竞(競) 怜(憐) 黾(黽) 杀(殺) 师(師) 寿(壽) 双(雙) 台(臺—檯) 粜(糶) 兴(興) 证(證) 朱(硃) 庄(莊) 苎(苧) （一类）

谗(讒) 缠(纏) 飞(飛) 桨(槳) 龙(龍) 乌(烏) 亚(亞) （二类）

**宋(金)** 称(稱) 出(齣) 辞(辭) 独(獨) 几(幾) 类(類) 刘(劉) 娄(婁) 庐(廬) 炉(爐) 驴(驢) 霉(黴) 梦(夢) 齐(齊) 迁(遷) 亲(親) 声(聲) 势(勢) 献(獻) 渊(淵) 灶(竈) 斋(齋) 毡(氈) 执(執) 装(裝) 収(敺) 亦(繇) （一类）

标(標) 鸟(鳥) （二类）

**元** 爱(愛) 办(辦) 边(邊) 搀(攙) 馋(饞) 尝(嘗) 刍(芻) 担(擔) 胆(膽) 当(當) 党(黨) 灯(燈) 对(對) 赶(趕) 冈(岡) 广(廣) 过(過) 画(畫) 会(會) 戋(戔) 监(監) 拣(揀) 节(節) 旧(舊) 两(兩) 芦(蘆) 仑(侖) 罗(羅) 庙(廟) 窃(竊) 寝(寢) 穷(窮) 权(權) 劝(勸) 热(熱) 伤(傷) 圣(聖) 实(實) 帅(帥) 虽(雖) 体(體) 条(條) 铁(鐵) 厅(廳) 听(聽) 稳(穩) 务(務) 雾(霧) 阳(陽) 养(養) 医(醫) 义(義) 阴(陰) 应(應) 犹(猶) 园(園) 远(遠) 昼(晝) 烛(燭) 妆(妝) 状(狀) 浊(濁) 临(臨) （一类）

齿(齒) 风(風) 壶(壺) 亏(虧) 练(練) 马(馬) 岂(豈) 湿(濕) 显(顯) （二类）

**明** 坝(壩) 别(彆) 参(參) 丑(醜) 处(處) 点(點) 夺(奪) 构(構) 观(觀) 怀(懷) 艰(艱) 恳(懇) 灵

(靈) 么(麼) 蔑(衊) 难(難) 聂(聶) 签(籤) 晒(曬) 兽(獸) 县(縣) 响(響) 协(協) 战(戰) 总(總) (一类)

层(層) 买(買) 严(嚴) (二类)

**清** 罢(罷) 帮(幫) 表(錶) 宾(賓) 惩(懲) 触(觸) 聪(聰) 坟(墳) 奋(奮) 妇(婦) 凤(鳳) 柜(櫃) 轰(轟) 坏(壞) 欢(歡) 环(環) 汇(匯—彙) 伙(夥)

鸡(鷄) 家(傢) 见(見) 举(舉) 惧(懼) 联(聯) 陆(陸) 恼(惱) 脑(腦) 仆(僕) 乔(喬) 扫(掃) 啬(嗇) 松(鬆) 亵(褻) 药(藥) 爷(爺) 页(頁) 愿(願) 枣(棗) 赵(趙) 这(這) 郑(鄭) 专(專) 𠬤(睪) 呙(咼) (一类)

图(圖) 悬(懸) (二类)

**民国** 袄(襖) 报(報) 归(歸) 龟(龜) 沪(滬) 际(際) 价(價) 茧(繭) 硷(鹼) 惊(驚) 壳(殼) 块(塊) 困(睏) 腊(臘) 邻(鄰) 临(臨) 卖(賣) 亩(畝) 拟(擬) 苹(蘋) 琼(瓊) 区(區) 让(讓) 苏(蘇) 岁(歲) 坛(壇) 叹(嘆) 头(頭) 戏(戲) 虾(蝦) 吓(嚇) 选(選) 压(壓) 样(樣) 亿(億) 忆(憶) 优(優) 誉(譽) 杂(雜) 凿(鑿) 只(隻) 脏(臟) 钟(鐘) (一类)

炼(煉) 农(農) 伞(傘) (二类)

**新中国成立后** 帘(簾) (一类)

**说明**:1. 各朝代中的一类字均指与今简化字完全相同的字形(个别字未类推简化),与之接近的简化字形可能出现在更早的时代中。

2. 括号中两个繁体字中间用短横连接的,说明该朝代已出现两(繁体)字通用的情况,而括号外的简化字形尚未出现。

## 附录

# 1932 年教育部公布《国音常用字汇》中的简化字

（按：该字汇由中华民国政府教育部国语统一筹备委员会编，商务印书馆发行。其中画▲的各组，括号中的字今按异体字处理。）

| | | | |
|---|---|---|---|
| 垻（壩） | 庙（廟） | 体（體） | 恋（戀） |
| 罢（罷） | 黾（黽） | 鉄（鐵） | 粮（糧） |
| 俻（備） | 凬（風） | 条（條） | 两（兩） |
| 宝（寶） | 凤（鳳） | 听（聽） | 灵（靈） |
| 办（辦） | 閗（鬭） | 厛（廳） | 炉（爐） |
| 帮（幫） | 担（擔） | 啚（圖） | 庐（廬） |
| 笔（筆） | 胆（膽） | 难（難） | 芦（蘆） |
| 边（邊） | 当（當） | 腊（臘） | 罗（羅） |
| 变（變） | 灯（燈） | ▲泪（淚） | 鵉（鸞） |
| 宾（賓） | 递（遞） | 娄（婁） | 峦（巒） |
| 庅（麼） | 点（點） | 离（離） | 栾（欒） |
| 麦（麥） | 独（獨） | 篱（籬） | 乱（亂） |
| ▲猫（貓） | 堕（墮） | 礼（禮） | 馿（驢） |
| 蛮（蠻） | 对（對） | 厉（厲） | 孪（孿） |
| 梦（夢） | 断（斷） | 刘（劉） | 挛（攣） |
| 弥（彌） | 坛（壇） | 怜（憐） | 娈（孌） |

个(箇)
盖(蓋)
赶(趕)
頋(顧)
挂(掛)
囻、国、⿰口王(國)
过、過(過)
归(歸)
亀(龜)
柜(櫃)
覌(觀)
関(關)
壳(殼)
会(會)
▲閤(闔)
号(號)
沪(滬)
画(畫)
欢(歡)
还(還)
机(機)

鸡(雞)
継(繼)
价(價)
莭(節)
尽(盡)
▲晋(晉)
挙(舉)
据(據)
惧(懼)
斉、齐(齊)
气(氣)
▲弃(棄)
窃(竊)
乔(喬)
迁(遷)
趋(趨)
权(權)
劝(勸)
穷(窮)
琼(瓊)
▲栖(棲)
戏(戲)
吓(嚇)

▲綉(繡)
▲銹(鏽)
县(縣)
献(獻)
衅(釁)
响(響)
选(選)
▲勛(勳)
只(隻)
貭(質)
执(執)
这(這)
斋(齋)
赵(趙)
毡(氈)
▲占(佔)
战(戰)
証(證)
烛(燭)
嘱(囑)
庄(莊)
鈡(鐘)
▲痴(癡)
▲吃(喫)

称(稱)
惩(懲)
虫(蟲)
时(時)
舍(捨)
寿(壽)
声(聲)
圣(聖)
属(屬)
双(雙)
热(熱)
荣(榮)
灶(竈)
脏(臟)
辞(辭)
参(參)
蚕(蠶)
从(從)
洒(灑)
虽(雖)
随(隨)
髓(髓)
岁(歲)
碍(礙)

袄(襖)
尔(爾)
迩(邇)
医(醫)
仪(儀)
义(義)
议(議)
▲异(異)

药(藥)
犹(猶)
▲岩(巖)
塩 } (鹽)
圤 }
阴(陰)
隐(隱)

养(養)
痒(癢)
蝇(蠅)
无(無)
袜(襪)
弯(彎)
湾(灣)

万(萬)
网(網)
[illegible] } (與)
与 }
园(園)
远(遠)
踊(踴)

# 主要参考文献


高明编 《古文字类编》 中华书局 1980

徐中舒主编 《汉语古文字字形表》 四川辞书出版社 1981

徐中舒主编 《甲骨文字典》 四川辞书出版社 1988

高明、葛英会编 《古陶文字征》 中华书局 1991

《睡虎地秦墓竹简》 文物出版社 1977

《银雀山汉墓竹简》 文物出版社 1985

《马王堆汉墓帛书》(1—4) 文物出版社 1976

陈振裕、刘信芳编著 《睡虎地秦简文字编》 湖北人民出版社 1993

张守中撰集 《睡虎地秦简文字编》 文物出版社 1994

李正光编 《马王堆汉墓帛书竹简》 湖南美术出版社 1988

《说文解字》(大徐本) 中华书局

《宋本玉篇》 北京市中国书店 1983

顾南原 《隶辨》 北京市中国书店 1982

《居延汉简》(甲乙编) 文物出版社

《敦煌汉简》 中华书局 1991

潘重规(台湾) 《敦煌俗字谱》

王重民、周一良等 《敦煌变文集》 人民文学出版社 1984

周绍良等 《敦煌变文集补编》 北京大学出版社 1989

陈建贡、徐敏 《简牍帛书字典》 上海书画出版社 1991

赵之谦 《六朝别字记》 文字改革出版社 1958

秦公 《碑别字新编》 文物出版社 1985

颜元孙 《干禄字书》 (丛书集成初编本)

潘重规主编 《新编龙龛手鉴》 中华书局 1988

郭忠恕 《佩觿》 (康熙泽存堂藏版)

梅膺祚　《字汇》　上海辞书出版社
吴任臣　《字汇补》　上海辞书出版社
铁珊辑　《增广字学举隅》(同治十三年版)
《太平天国印书》　中华书局
《中国书法名帖精华》(隶书　章草　魏碑　行书　草书　楷书)
　　北京出版社　1995
《唐代碑刻正书选粹》　北京出版社　1992
《魏碑十种》　北京市中国书店　1986

国语统一筹备委员会编　《国音常用字汇》　(前)教育部公布
　　1932
前国语研究会编　《国语月刊·汉字改革号》　文字改革出版社
　　1957
《简体字表(第一批)》　(前)教育部公布　1935
陈光尧　《常用简字表》　上海北新书局　1936
陈耐烦　《中国文字的过去现在和将来》　世界书局　1941
刘复、李家瑞　《宋元以来俗字谱》　文字改革出版社　1957
《辞海》　(1947年版)　中华书局
中国大词典编纂处编　《(增订注解)国音常用字汇》　商务印书馆
　　1949

易熙吾　《简体字源》　中华书局　1955
陈光尧　《简化汉字字体说明》　中华书局　1956
孙伯绳、俞运之　《古代的简化字》　文字改革出版社　1959
《中国文字改革的第一步》　人民出版社　1956
吴玉章　《文字改革文集》　中国人民大学出版社　1978
周有光　《汉字改革概论》(第三版)　文字改革出版社　1979
叶籁士　《简化汉字一夕谈》　语文出版社　1987
李荣　《文字问题》　商务印书馆　1987

谢世涯(新加坡)《新中日简体字研究》 语文出版社 1989
武占坤、马国凡主编 《汉字·汉字改革史》 湖南人民出版社 1988
《中国大百科全书·语言文字》 中国大百科全书出版社 1988
王凤阳 《汉字学》 吉林文史出版社 1989
裘锡圭 《文字学概要》 商务印书馆 1990
周有光 《新语文的建设》 语文出版社 1992
周有光 《中国语文纵横谈》 人民教育出版社 1992
傅永和 《规范汉字》 语文出版社 1994
陈章太 《论汉字简化》 载《语言文字应用》 1992年第2期
王铁昆主编 《汉字规范通俗讲话》 人民日报出版社 1994
苏培成 《现代汉字学纲要》 北京大学出版社 1994
王均主编 《当代中国的文字改革》 当代中国出版社 1995
凌远征 《新语文建设史话》 河南大学出版社 1995
张涌泉 《汉语俗字研究》 岳麓书社 1995
《中国汉字文化大观》 北京大学出版社 1995
李乐毅 《简化字来源》 华语教学出版社 1996